Gesunde Küche

bewusst genießen –
schmackhaft & lecker

AVA VERLAG

Inhalt

Inhalt ... 4
Vorwort ... 8

Wissenswertes zur Histaminintoleranz ... 10

Basics

Chutney süß-sauer ... 24
Grießknödel ... 24
Grundteig für Nudeln ... 24
Grundteig für Pizza ... 25
Kartoffelkloß ... 25
Remoulade ... 26
Rosmarinkartoffeln ... 26
Salatdressing ... 27
Semmelknödel ... 27
Spätzle ... 28
Tomatenersatzsoße ... 28
Vanillesoße ... 29
Weißbrot ... 29

Vorspeisen & Snacks

Ei im Glas ... 32
Ei mit gratiniertem Möhren-Kartoffel-Stampf ... 33
Entensülze im Glas ... 34
Fleischbällchen in Joghurtsoße ... 35
Fleischpastetchen ... 36
Gefüllte Paprika ... 37
Gemüserollen ... 38
Geschmorter Chicoreé ... 39
Gründonnerstagsrolle ... 40
Hähnchenfiletspitzen im Zucchinimantel ... 41
Italienische Tartelettes ... 42
Kräuterbaguette ... 43
Kürbissoufflé ... 44
Maistortillias ... 45
Mediteranes Ofen-Päckchen ... 46

Möhren mit Kressequark 47
Mozzarellasticks mit Mangochutney 48
Pizzetinis 49
Puris mit Kürbissalsa 50
Reisbällchen süß-sauer 51
Sandwich 52
Spargel-Mais-Schnitte 53
Spargeltempura 54
Zucchiniröllchen 55

Hauptgerichte

Apfelstrudel 58
Asiatischer Kokosreis 59
Bärlauchmakkaroni mit Rind 60
Chili mal anders 61
Döner 62
Falsches Schnitzel 63
Fettuccine mit Salbeisoße 64
Fleischkäse 65
Galette 66
gebratener Reis mit Ente 67
Gefüllter Chicoreéwickel 68
Gemüsespätzle 69
Gratinierte Paprika 70
Grünes Hühnercurry 71
Hamburger 72
Hirschragout unter Blätterteighaube 73
Hirseküchlein an Kartoffelgemüse 74
Hühnchen süß-sauer 75
Jungbullenquerrippe an Rosmarinkartoffeln 76
Karamellisierter Möhren-Lauch-Quiche 77
Kartoffelecken mit Gurkenrelish 78
Käsetarte 79
Kürbis Pancakes 80
Kürbisgulasch 81
Lamm mit Kräuterkruste 82
Mehlbeutel 83
Pappardelle mit Brösel 84
Paprika-Kartoffel-Kuchen 85

Inhalt

Paprikaroulade 86
Pizza Paprika-Käse 87
Ravioli mit Käsefüllung 88
Roastbeaf an grünem Spargel 89
Sauerbraten 90
Zwiebelkuchen 91

Suppen & Eintöpfe

Bataten-Ingwer-Suppe 94
Chinesische Hühnersuppe 95
Fleischklößchensuppe 96
Französische Zwiebelsuppe 97
Frühlingssuppe 98
Gemüse-Creme-Suppe 99
Grießklößchensuppe 100
Gulasch im Brottopf 101
Kürbisrahmsuppe 102
Leichter Eintopf 103
Maultaschensuppe 104
Möhreneintopf 105
Ochsenschwanzsuppe mit Polentanocken 106
Omas Eintopf 107
Pichelsteiner Topf 108
Sofiesoupe mit Spießen 109
Spargelcremesuppe 110
Zucchinischaumsuppe 111

Salate

Dänischer Gurkensalat 114
Dinkelsalat 115
Eiersalat 116
Farmersalat 117
Fleischsalat 118
Italienischer Salat 119
Kürbissalat 120
Mediterraner Brotsalat 121

Möhrensalat 122
Nudelsalat 123
Pastinakensalat 124
Pflücksalat mit Apfel 125
Reissalat 126
Rohkostsalat 127
Rote-Bete-Salat 128
Salat Hollandaise 129
Schichtsalat 130
Warmer Gemüsesalat 131

Desserts

Apfel-Thymian Sorbet 134
Bayerische Creme auf Johannisbeerspiegel 135
Beeren Shortcake 136
Brombeercreme 137
Buttermilch Schichtdessert 138
Crème brûlée 139
Griechische Joghurtcreme 140
Grießschnitten mit Früchte-Cocktail 141
Joghurt Pfirsichbombe 142
Kaiserschmarrn mit Aprikosen und Kokos 143
Käsekuchencreme 144
Kirsch-Tiramisu 145
Kokosklößchen auf Fruchtrelish 146
Kokospudding 147
Mandel-Semifreddo 148
Mangoparfait 149
Melonenpudding 150
Milchreis mit Kirsch-Heidelbeer-Grütze 151
Petit fours 152
Quark-Pistazien-Eis 153
Sahnemousse 154
Süßer Maisgrieß 155
Süßes Spiegelei 156
Tiramisueis 157

Für Ihre Notizen 158

Gesunde Ernährung ist die Basis für ein gesundes Leben

Nur wer sich richtig ernährt, trägt wesentlich dazu bei, gesund zu bleiben und sich wohl zu fühlen.
Damit eine gesunde Ernährung überhaupt möglich ist, sollte man einiges beachten:

- für ausreichend Flüssigkeitszufuhr sorgen
- frische Speisen zubereiten
- den Körper mit genügend Nährstoffen versorgen.

Selbstverständlich schließt eine gesunde Ernährungsweise keine positiven Geschmackserlebnisse aus. Ganz im Gegenteil, man erfährt unverfälschten Geschmack ohne Zusatzstoffe oder Geschmacksverstärker. Eine gesunde Ernährung bietet mehr als nur Kalorien und Nährstoffaufnahme. Sie soll vor gesundheitlichen Problemen schützen, Freude bereiten, eine positive Wirkung auf Körper und Geist erziehlen. Nur dann ist ein Wohlfühlen möglich.

Wer sich gesund ernähren möchte, sollte sich einen Ernährungsplan aufstellen. Es sollten frisches Obst, Gemüse, Getreide- und Milchprodukte darin enthalten sein. Sie liefern dem Körper wichtige Nährstoffe, Energie, Vitamine und Mineralstoffe.
Mit einer gesunden Ernährung kann man gesundheitlichen Problemen wie z. B. Herzerkrankungen, Alterszucker, Blutfettwerte oder Nahrungsmittelallergien täglich und mit jedem Bissen entgegenwirken.

Der Körper kann auf Nahrungsmittel sehr stark reagieren. Erstaunlich, was wir mit falschem Essen unserem Körper alles zumuten, bzw. was Nahrungsmittel alles auslösen können.
Man ist immer wieder dabei sich selbst zu ertappen, wie rücksichtslos man oft mit sich selbst umgeht. Teilweise verdrängen wir Warnsignale oder geben einfach anderen Dingen die Schuld an unserem Unwohlsein. Man denkt leider auch viel zu oft: „Das passiert mir doch nicht!"

In den Medien liest und hört man das zwar immer wieder, aber wenn einen das dann selbst betrifft, ist das wieder etwas anderes. Am Anfang steht man da und weiß dann erst einmal nicht weiter. Was kann ich noch essen? Was muss ich an Nahrungsmitteln vermeiden? Man ist zunächst der Meinung nun auf alles verzichten zu müssen, weder schmackhaft noch lecker und schon gar nicht mehr abwechslungsreich essen und kochen zu dürfen. Dass der Aufwand zu hoch ist, alles zu viel Zeit in Anspruch nimmt und dass es dann sowieso nicht funktioniert und auch nicht mehr gut schmeckt, glaubt man.

In meinem Buch möchte ich Ihnen diese trüben Gedanken nehmen. Ich möchte Ihnen Vorschläge unterbreiten und zeigen, dass man trotz Histaminintoleranz den Kopf nicht hängen lassen muss, nach vorne schauen kann, problemlos wieder geniessen kann. Bei genauerer Betrachtung ändert sich der Speiseplan nur auf eine unverfälschte Küche, die viele verschiedene leckere und gesunde Köstlichkeiten zu bieten hat, bei denen es an nichts mangelt. Die genauso schmackhaft wie abwechlungsreich ist und sich ebenso einfach in der Handhabung gestalten kann.

Einen kleinen Teil feiner Köstlichkeiten möchte ich Ihnen in meinem Buch vorstellen und allen, die auch an Histaminintoleranz leiden, möchte ich auf diesem Weg viel Mut zusprechen.

Nun wünsche ich Ihnen viel Freude am Ausprobieren und Nachkochen!

Wissenwertes über Histamin

Was ist Histamin?

Histamin ist ein biogenes Amin, ein geschmacks- und geruchsneutrales Molekül, dass aus Eiweißbausteinen in unserem Stoffwechsel im Körper entsteht. Es steckt aber auch in unterschiedlicher Konzentration in Lebensmitteln. Dieser Prozess wird bei der Lebensmittelherstellung auch bewusst bei der Reifung (z. B. bestimmter Käsesorten, Bier, etc.) oder auch bei bestimmten Verarbeitungsprozessen wie Fermentation (z. B. Vanillezucker, schwarzer Tee) eingesetzt. Bei diesen Verfahren steigt der Histamingehalt in Nahrungsmitteln schnell an.

Ein hoher Histamingehalt ist aber auch ein Zeichen von Verderb (auch bakteriell) einer Speise, weshalb manche gemessenen Werte im Nahrungsmittel sehr hoch sind, wie z. B. in Fisch. Wenn Fisch fangfrisch tiefgekühlt wird und bleibt, so können sich die vorhandenen Bakterien wenig vermehren. So wird die Umwandlung von Histidin in Histamin unterbunden und es entsteht deutlich weniger Histamin als bei Fisch, der nur einige Tage kühl gelagert wird. Bleibt er ein paar Stunden im warmen Raum liegen, so kann er eine erhebliche Menge an Histamin aufweisen.

Ebenso ist es beim Frischkäse. Der Frischkäse wird nur kurz einem Reifeprozess ausgesetzt - gegenüber Hartkäse oder anderen Käsesorten - und weist deshalb ebenfalls weniger Histamin auf als länger gereifter Käse.

Eine Histamin-Unverträglichkeit wird aufgrund ihrer Symptome als Pseudoallergie bezeichnet. Obwohl sie sehr verbreitet ist, ist über die Lebensmittel und ihre Verträglichkeit wenig Genaues bekannt. Was wohl auch daran liegen kann, dass die Symptome vielseitig und der Nachweis der Histaminose schwierig ist. Man kann die Histaminintoleranz durch die Beschwerden trotz alledem von einer Allergie unterscheiden.

Mögliche Beschwerden

Mögliche Beschwerden, die auf eine Histaminintoleranz hinweisen können, sind z. B.

- Kopfschmerzen und Migräne
- verstopfte oder laufende Nase
- Magen- und Darmbeschwerden (Durchfall, krampfartige Bauchschmerzen)
- Asthmaanfälle
- Herzrhythmusstörung (unregelmäßiger Pulsschlag)
- ständige und unspezifische Müdigkeit
- Hautrötungen
- Juckreiz der Haut
- Hitzegefühl

Bildet unser Körper Histamin?

Unser Organismus bildet und speichert ständig in speziellen weissen Blutkörperchen und in sog. Mastzellen das Histamin. Wenn wir gesund sind, hält der Körper unsere Histaminvorräte ständig in einem unbedenklichen Bereich. Es herrscht ein Gleichgewicht zwischen Zufuhr, Bildung und Abbau. Histamin hat auch positive Wirkungen auf den Körper, z. B. bei der Wundheilung, im Rahmen von Immunreaktionen und als Neurotransmitter für Nervenzellen. Histamin steuert im Gehirn unterschiedliche Funktionen wie Aufmerksamkeit, Schlaf und Appetit.

Kann unser Körper Histamin abbauen?

Unser Körper kann Histamin mithilfe von speziellen Enzymen abbauen. Dazu besitzt er hauptsächlich in den Darmzellen des Dünndarmes das Enzym „Diaminoxidase". Dieses Enzym besitzt die Fähigkeit, Histamin abzubauen. Der Abbau wird aber von vielen verschiedenen Substanzen, vor allem Alkohol oder Medikamenten gehemmt. Und andere biogene Amine, wie Serotonin, Dopamin, Tyramin, Phenylethylamin und Octopamin ähneln in ihrer Wirkung im Körper sehr stark dem Histamin. Ebenso ist bei entzündlichen Darmerkrankungen das empfindliche Enzym „Diaminoxidase" vermindert.

Diagnose einer Histaminintoleranz

Bei Histaminintoleranz beruht die Diagnose auf einer genauen Anamnese und der Befragung durch einen Arzt bezüglich der Beschwerden. Da alle Symptome einer Histaminintoleranz auch andere Ursachen haben können, bedarf es einer genaueren medizinischen Abklärung. Einen genauen Test, der eindeutig eine Histaminintoleranz diagnostizieren kann, gibt es zurzeit noch nicht. Ein Bluttest kann zwar den Histaminspiegel und die Diaminoxidase-Aktivität feststellen, liefert allerdings nur eine Momentaufnahme.

Wichtig ist deshalb ein Verzicht auf bestimmte Lebensmittel über einen bestimmten Zeitraum. Vor und nach diesem Zeitraum sollte dann der Arzt die Blutproben nehmen und die Histaminkonzentration messen. Dabei ist es für den Arzt sehr hilfreich, wenn der Patient ein Tagebuch über seine verzehrten Nahrungsmittel und der damit verbundenen Probleme zur Erstuntersuchung mitführt. Es ist auch zu beachten, dass sie keine Antihistaminika einnehmen zu der Zeit, da sonst KEINE Austestung möglich ist.

Abgesehen von Darminfektionen, bei denen die verbundenen Beschwerden einer Histaminintoleranz, rasch wieder verschwunden sein können, wird sie in anderen Fällen eine wahrscheinlich jahrelange, chronische Begleiterkrankung ihres Lebens.

Daher wird es Ihnen umso besser gehen, je besser sie sich informieren und immer wieder dazulernen welche Lebensmittel vertragen oder welche lieber gemieden werden sollten.

Wissenswertes

Am Anfang sollten sie mind. vier Wochen lang auf Histaminreiche Lebensmittel sowie auf die Einnahme von Medikamenten, die eine Histaminreaktion evtl. noch unterstützen, absolut meiden, bis die vorhandenen Symptome und Beschwerden nachlassen und teilweise oder ganz abgeklungen sind.

Danach beginnt die Phase des Austestens von Lebensmitteln. Nicht mehr als ein neues Lebensmittel alle zwei Tage sollte versucht werden. Man bedenke auch immer, dass Histamin weder kälte- noch hitzelabil ist und kann daher weder durch Kochen, Braten oder Backen genauso wir durch Tiefkühlen zerstört werden.

Eine Zusetztung von Vitamin C an die Lebensmittel oder die zusätzliche Einnahme von Vitamin-C- Tabletten kann sehr hilfreich sein, da dies den Histaminabbau unterstützt.

Die wichtigste Voraussetzung zum gesunden- und genußreichen Essen mit Histamin-intoleranz ist die FRISCHE von Lebensmittel. Frische tierische Lebensmittel sowie viele Obst- und Gemüsesorten enthalten (fast) kein Histamin. Aufgewärmte Nahrung verursacht oft schon Beschwerden. Vermeiden Sie dies, wenn Sie an Histaminintoleranz leiden und bereiten Sie Ihre Speisen stets frisch zu.

Nicht alle Lebensmittel sind für alle Betroffenen gleichermaßen unverträglich. Einige Menschen reagieren auf bestimmte Nahrungsmittel stärker als andere und umgekehrt.

Grundsätzliches bei Histaminintoleranz:

Aufbewahrung von Speisen

Grundsätzlich sollten alle Speisen, die verzehrt werden, immer frisch zubereitet werden. Ein Übrigbleiben der Speisen lässt sich aber nicht immer vermeiden. Zum Aufbewahren sollte man die Speisen sofort in einen luftdichten Behälter geben und verschlossen im Kühlschrank aufbewahren. Am besten eignen sich auch Vakuumierbehälter oder Vakuumierbeutel. Bitte unbedingt darauf achten, dass es sich nicht um ein Folienschweißgerät handelt, das nur ein bisschen Luft absaugt. Das ist kein echtes Vakuum. Bei einem Vakuumbeutel ist keine Luft mehr an der Speise, ebenso bei einem Vakuumbehälter. In beiden Fällen wird die Luft extrem abgesaugt.

Reifeprozess = Histamin

Grundsätzlich gilt, Nahrungsmittel die einen Reifeprozess durchmachen, haben immer einen hohen Histamingehalt. Diese gilt es stets zu vermeiden.

Lagerung = Histamin

Grundsätzlich gilt: Je länger ein Lebensmittel gelagert wird, desto höher steigt der Histamingehalt an. Deshalb gilt auch hier, immer nur frisches Fleisch und fangfrischen Fisch zu verzehren. Lange gelagerte Lebensmittel oder Speisen, die für längere Lagerzeiten zubereitet wurden sind unbedingt zu meiden.

Die süße Versuchung = Schokolade

Grundsätzlich enthält Schokolade selbst kein Histamin, aber Phenylethylamin und Tyramin. Das sind die anderen beiden biogenen Amine, die auch aus dem Kakao stammen. Deshalb ist der Verzehr von Schokolade oder Kakao in Speisen oder Getränken oder sonst. Zubereitungen nicht zu empfehlen, sogar zu meiden.

Würze

Grundsätzlich gilt bei Würzmitteln und Brühen, das diese hefefrei sein sollten. Man muss allerdings auch darauf achten, dass diese kein Curcuma oder Curry enthalten dürfen. Hier sollte man beim Kauf genau darauf achten und die genaue Zusammensetzung lesen.

Nudeln

Grundsätzlich erlaubt sind Nudeln, die aus reinem Dinkelmehl oder Dinkelgrieß hergestellt wurden. Am besten eignen sich auch selbst gemachte Nudeln, die auch besser schmecken. Nudeln, die aus Weizenmehl oder Hartweizengrieß hergestellt wurden, sind zu meiden.

Welche Nahrungsmittel sollten Sie meiden?

Nachfolgend aufgeführte Nahrungsmittel sollten Sie meiden und auch gegebenenfalls durch andere ersetzten.
Die nachfolgend aufgeführte Liste soll Ihnen lediglich einen groben Anhaltspunkt bieten. Sie ist ohne Anspruch auf Vollständigkeit und ist mit Unsicherheiten behaftet.

Fisch

oft vertragene Lebensmittel	selten vertragene Lebensmittel
- fangfrischer Fisch - Tiefkühlfisch (wenn er fangfrisch tiefgekühlt wurde)	- nicht gekühlter Fisch - Krusten- und Schalentiere - Thunfisch, Sardine - eingelegte Fischkonserven

Fisch ist nur fangfrisch richtig genießbar, da er nur dann kaum unverträgliche biogene Amine enthält. Fisch und Fischprodukte sind aber auch sehr leicht verderblich und neigen schneller und ergiebiger zu Histaminbildung. Gut verträglich sind fangfrische Fische mit weißem Fleisch oder Fische, die sofort nach dem Fang tiefgekühlt wurden und bei denen die Kühlkette während des Transportes und der Lagerung nicht unterbrochen wurde.

Fleisch und Wurst

oft vertragene Lebensmittel	selten vertragene Lebensmittel
- frisches Hackfleisch - frisches Fleisch - Rindfleisch - Huhn - Wild (außer Wildschwein) - Lamm - gekochter Schinken (nicht vom Schwein) - gekochte Wurst - Bratwürste roh und frisch	- gemischtes Hackfleisch - Schweinefleisch - Fleisch oder Wurstkonserven - Wildschwein - geräucherter Schinken, Speck - geräucherte Wurst (Mettwurst, Speck)

Meiden Sie Fleisch und Wurstkonserven sowie getrocknetes, mariniertes, geräuchertes oder irgendwie konserviertes Fleisch und Wurst oder Fleisch- und Wurstzubereitungen, sowie stark zerkleinertes oder püriertes Fleisch.

Der Histamingehalt steigt beim Fleisch an durch den Zerkleinerungsgrad. Durch die vergrößerte Oberfläche (z.B. Hackfleisch) haben Bakterien einen größeren Angriffspunkt.

Kaufen und verwenden sie immer nur Frischfleisch, welches Sie roh, ungewürzt oder unmariniert, ungepökelt einkaufen. Am besten eignet sich abgepacktes (vakuumverpacktes) Fleisch, da es unter Luftabschluss und besserer Hygiene gelagert ist und so einen geringeren Histaminanstieg hat. So hat man auch eine bessere Kontrolle über das Verfallsdatum. Bewahren Sie das Fleisch möglichst nicht lange auf. Hackfleisch sollte noch am gleichen Tag verarbeitet werden.

Zu Beachten ist allerdings noch bei Wurst, dass sie nicht geräuchert ist, keine Zugabe von Nitrit oder Nitrat, nicht mit Geschmacksverstärker und Konservierungsstoffen sowie nicht mit hefehaltigen Würzmischungen zubereitet wurde. In diesem Falle sollten Sie die Wurst lieber meiden.

Milch und Milchprodukte

oft vertragene Lebensmittel	selten vertragene Lebensmittel
- Buttermilch - Vollmilch, Magermilch - Rahm - Quark - Frischkäse - Joghurt (nicht jeder wird gut vertragen) - Butterkäse - Hüttenkäse - Mozzarella - junger Gouda - Ricotta - Butter	- aromatisierter Joghurt - Fruchtjoghurt (kommt auf die Frucht an) - Bergkäse, Cheddar, Emmentaler, Brie, Camembert - mittelalter, alter Gouda - Parmesan, Roquefort, Schafskäse, Tilsiter, Margarine

Milch zählt auch zu den verderblichen Frischprodukten, bei der die Verträglichkeit stark von der Frische abhängt. Am besten eignet sich pateurisierte Milch. Rohmilch und Rohmilchprodukte sind problematischer, weil sie viele Keime enthalten und deshalb die Histaminbildung schnell beginnt.

Joghurt wird durch Fermentation von Milch und Bakterienkulturen hergestellt, meist sind es Lactobazillen. Bei der Joghurtreifung (Milchsäuregärung) entsteht ebenfalls Histamin, wenn auch nicht viel. In der Regel wird Joghurt gut vertragen. Es hängt aber sehr von der Empfindlichkeit jedes Einzelnen ab, ob er gut vertragen wird oder nicht. Wer auf „Nummer sicher" gehen will, ersetzt Joghurt durch Quark. Frischkäse sind aber gut verträglich, aber leider nicht so intensiv im Geschmack wie länger gereifte Käsesorten (z. B., Emmentaler).

Wissenswertes

Frischmilch sowie Frischmilchprodukte wie z. B. Buttermilch oder Frischkäse enthalten durch ihren kurzen Reifeprozess nur wenig Histamin. Hartkäse oder speziell langen Reifeverfahren ausgesetzter Käse (Parmesan) dagegen sind sehr stark Histamin belastet. Hartkäse und Bier sind die häufigsten Auslöser bei Beschwerden. Grundsätzlich sind alle Käsesorten die eine lange Reife durchlebt haben, zu meiden.

Würze und Gewürze

oft vertragene Lebensmittel	selten vertragene Lebensmittel
- Kräuter - Salz, Pfeffer - Paprikapulver, edelsüß - Brühe (gekörnt), hefefrei - Johannisbrotkernmehl	- Chilli, Curry, Curcuma - Senf, Senfkörner - Paprikapulver, scharf - Brühe, Fertigsuppen - Fertigmahlzeiten - Soßen, Würzmischungen, Hefeextrakte, Konservierungsstoffe, Farbstoffe, Geschmacksverstärker - einzelne Verdickungsmittel, Glutamate (Kalium-, Calcium-, Magnesium-, Ammonium-, Natriumglutamat), Glutaminsäure

Hefehaltige Produkte können stark Histaminhaltig sein. Hefe oder Hefeextrakt sind heutzutage in fast allen Bouillons, Brühen, Fertigsuppen- und Soßen, Fertigmahlzeiten und Würzmischungen, sowie in Fertigbackwaren enthalten.
Diese „Produkte" sind unbedingt zu meiden, da sie aufgrund ihrer Gärung stark histaminlastig sein können. Scharfe Soßen und Würze sollte man sparsam verwenden oder am besten darauf verzichten, da sie die Aufnahme von Histamin im Darm begünstigen.

Würzmischungen sind ebenfalls in Bouillons, Fertigsuppen, Soßen und Fertigmahlzeiten enthalten. Diese wiederum enthalten hefehaltige Produkte und Geschmacksverstärker um den Speisen ein kräftiges Aroma zu verleihen.

Glutamate werden im Allgemeinen die Salze der Aminosäure Glutaminsäure bezeichnet. Glutamat ist wegen seiner sensorischen Wirkung weltweit als bedeutender Geschmacksverstärker eingesetzt. Hinter folgenden Bezeichnungen versteckt sich oft auch Glutamat: Hefeextrakt, Würze (Speisewürze, Fleischwürze, pflanzliche Würze, Flüssigwürze), Aroma, Milchzucker, fermentierter Weizen, Hydrolysat, gekörnte Brühe, Brühwürfel. Glutamat ist inzwischen ein sehr verpönter Zusatzstoff der nicht mehr als Zutat deklariert werden muss, weshalb in den meisten Fällen er dann nur als „WÜRZE" deklariert ist.

Süßungsmittel

oft vertragene Lebensmittel	selten vertragene Lebensmittel
- Honig - Fruchtzucker - Maltose, Fructose - Karamell - Rohrzucker, Rübenzucker - Kristallzucker - Vanillin	- Malzextrakt - Süßholz - Vanillezucker, Vanillesoße

Echte Vanille wird durch einen Fermentierungsprozess aus der Vanilleschote gewonnen. Daher ist von der Verwendung dieser echten Vanille abzuraten. Synthetisch hergestelltes Vanillin kann evtl. vertragen werden.

Süßholz gehört botanisch in die Familie der Hülsenfrüchte, wie auch Erbsen und Bohnen. Aus den Wurzeln des Süßholzes wird Lakritze gewonnen, das es ebenfalls gilt zu meiden.

Säuerungsmittel

oft vertragene Lebensmittel	selten vertragene Lebensmittel
- Weingeistessig (besser verträglich) - Zitronensäure - Vitamin C (positive Wirkung, fördert den Histaminabbau)	- Branntweinessig - Rotweinessig - Weißweinessig - Balsamicoessig

Zu den stark histaminhaltigen Lebensmitteln gehören grundsätzlich alle Gärungsessige, wobei es aber auch hier große Unterschiede im Histamingehalt gibt. Von den Gärungsessigarten ist der Weingeistessig der histaminärmste und somit leichter verträglich. Synthetisch hergestellte, chemisch reine Essigsäure ist histaminfrei. Bei den Obstessigen ist der Apfelessig am histaminärmsten. Den höchsten Histamingehalt weist der Balsamicoessig auf.

Fette und Öle

oft vertragene Lebensmittel	selten vertragene Lebensmittel
- Butter - Olivenöl - Rapsöl - Kokosfett	- Walnussöl - Sonnenblumenöl - Erdnussöl

Wissenswertes

Öle und Fette enthalten grundsätzlich kein Histamin, weil aus ihnen kein Histamin entstehen kann, da Histamin schlecht fettlöslich ist. Sonnenblumenöl soll aber eher entzündungsfördernd sein, wobei Rapsöl eher entzündungshemmende Stoffe enthält. Olivenöl verhält sich diesbezüglich neutral, kann aber nicht ganz so heiß erhitzt werden wie Rapsöl.

Getreide, Getreideprodukte und Stärke

oft vertragene Lebensmittel	selten vertragene Lebensmittel
- Dinkelmehl / Körner - Roggen - Dinkelgrieß - Hafer, Haferflocken - Maismehl, Maisstärke - Hirse, Hirseflocken - Reismehl, Reisstärke - Dinkelflakes - Maisgrieß - Reis Crispies, Reis - Waffeln - Reisnudeln, Maisnudeln, Nudeln aus Dinkelmehl oder Dinkelgrieß	- Weizenmehl/Körner - Buchweizen - Weizengrieß - Weizenkeime - Malz - Weizenstärke - Weizenflakes - Fertigbackwaren - Fertigbackmischungen - Nudeln aus Weizenmehl - Nudeln aus Hartweizengrieß

Weizen wird in der Regel nicht gut vertragen, obwohl keine Glutenunverträglichkeit oder Weizenallergie vorliegt. Bei Hefe und Sauerteiggebäcken herrscht noch große Uneinigkeit in Bezug auf die Verträglichkeit bei Histaminintoleranz. Offenbar liegt dies an bestimmten Umständen bei der Herstellung. Je länger das Produkt geht und je luftiger das Endprodukt ist, um so mehr lässt es auf einen hohen Histamingehalt zurückschließen. Hefe ist in den meisten Fertigbackwaren enthalten, die eigentlich grundsätzlich zu meiden sind wegen der schlechten Verträglichkeit.

Treibmittel

oft vertragene Lebensmittel	selten vertragene Lebensmittel
- Weinsteinbackpulver	- Backpulver, Hefe - Sauerteig

Handelsübliches, normales Backpulver besteht aus Natron (Natriumhydrogencarbonat), einem säureliefernden Stoff, meist ein Phosphat und einem Pulverzusatzstoff, der meist auf Weizenbasis ist, weshalb es nicht so gut vertragen wird.

Nüsse und Kerne

oft vertragene Lebensmittel	selten vertragene Lebensmittel
- Mandeln - Kürbiskerne	- Nüsse, Haselnüsse, Cashew-nüsse, Erdnüsse, Walnüsse, Sonnenblumenkerne

Nüsse haben einen hohen Histamingehalt und sollten daher gemieden und ausgetauscht werden.

Zubereitungen

oft vertragene Lebensmittel	selten vertragene Lebensmittel
- Marzipan	- Lakritze - Schokolade - Tofu - Konserven

Schokolade und mit Kakao hergestellte Produkte (Schokoladeneis, Schokoladenkuchen) sind unverträglich. Besonders von Migränepatienten wird Schokolade oft schlecht vertragen. Schokolade enthält zwar nur sehr wenig Histamin, aber dafür Tyramin und Phenyethylamin. Das sind zwei biogene Amine, die aus dem Kakao stammen und ähnliche Beschwerden hervorrufen können wie histaminhaltige Lebensmittel.

Da Sojabohnen zu den Hülsenfrüchten zählen, sind diese ebenfalls zu meiden. Dazu gehört ebenfalls alles aus Soja und Sojabohnen sowie auch Tofu und aus Tofuzubereitungen hergestellte Lebensmittel.

Getränke

oft vertragene Lebensmittel	selten vertragene Lebensmittel
- Mineralwasser (ohne Kohlensäure) - Alkoholfreie Getränke - Fruchtsäfte (von erlaubten Früchten) - Lindenblütentee - Pfefferminztee - Roibuschtee	- Kohlensäurehaltige Getränke (Wasser, Limonaden, usw.) - Spirituosen, Rotwein, Weißwein, Champagner, Sekt, Bier - Grüner und schwarzer Tee - Energie-Drinks

Getränke, die mit einem mikrobiellen Gärverfahren (Hefegärung, Milchsäuregärung) hergestellt werden, wie z. B. Bier, Wein, Sekt, Most, Sauerkrautsaft oder vergorene Fruchtsäfte, haben einen hohen Histamingehalt. Auch alkoholfreie Biere und Weine sind nicht davon ausgeschlossen, da auch diese durch Fermentierung hergestellt wurden und erst am Schluss der Alkohol entzogen wurde. Alkohol erhöht die Durchlässigkeit der Darmschleimhaut und lässt somit verstärkt Histamin in die Blutbahn. Er verlangsamt auch die Abbaugeschwindigkeit von Histamin.

Aber auch bei Fruchtsäften muss man vorsichtig sein. Denn hier muss man aufpassen, da in viele Säfte (z. B. Apfelsaft) ein Anteil an Birnensaft beigemischt ist.

Obst und Gemüse

oft vertragene Lebensmittel	selten vertragene Lebensmittel
- Honig-, Netzmelone	- Wassermelone (fraglich)
- Heidelbeeren	- Erdbeeren
- Preiselbeeren	- Birne
- Brombeeren, Mango	- Papaya, Guave,
- Khaki, Cranberries	- Zitrusfrüchte, Grapefruit
- Litchis, Datteln	- Kiwis
- Kirschen, Kokos	- Himbeeren
- Aprikosen, Apfel	- Banane
- Johannisbeeren	- Ananas
- Nektarinen, Pfirsich	- Avocado
- Trauben, Rhabarber	- Sauerkraut
- Salate, Brokkoli	- Rosenkohl, Erbsen
- Kartoffeln, Mangold	- Auberginen, Kohlrabi
- Zwiebeln, Knoblauch	- Soja, Champignon, Pilze
- Rote Bete, Kürbis	- Linsen, Bohnen
- Gurke, Paprika	- Tomate
- Radieschen, Rettich	- Essiggurken
- Zucchini, Möhren	- Hülsenfrüchte
- Mais, Spargel, Lauch	- Sojabohnen
- Pastinaken, Kohl	- Blumenkohl
- Sellerie, Fenchel	- Spinat

Trotz des niedrigen Histamingehaltes bei Obst und Gemüse kann es immer noch zu Kreuzallergien mit anderen Lebensmitteln kommen. Daher unbedingt immer mit dem Hausarzt abklären, welche Obst- oder Gemüsesorte hier Probleme bereiten könnte.

Grundsätzlich zu vermeiden sind mit Essig sauer eingelegte Gemüsesorten sowie eingelegtes Obst oder anderes Gemüse.

Die aufgeführten oft verträglichen Obstsorten sind frisch sowie tiefgekühlt gut geeignet. Da es sich bei Gemüse noch um lebendes Gewebe handelt, das histaminarm ist, ist hier die Frische nicht so entscheidend wie bei tierischen Produkten.
Die genannten verträglichen Gemüsesorten sind also frisch oder tiefgekühlt zu kaufen. Pilze dagegen sind leicht verderblich, sowohl im rohen als auch im gekochten Zustand. Pilzgerichte sollten von Personen mit einer Histaminintoleranz prinzipiell nicht mehr aufgewärmt werden und während der Anfangsdiätzeit der ersten vier Wochen nicht gegessen werden. Später kann eine Verträglichkeit ausgetestet werden.

Ersatztabelle für Nahrungsmittel

selten vertragene Lebensmittel	oft vertragene Lebensmittel
Weizenmehl	Dinkelmehl, Dinkelvollkornmehl, Reismehl, Maismehl, Hafermehl, Hafer
Weizengrieß	Dinkelgrieß, Maisgrieß (Pollenta)
Hefeextrakt	hefefreie Produkte, Kräuter
Fertiggerichte	selbst zubereitete frische Speisen
künstliches Geliermittel	natürliches Geliermittel, Agar-Agar, Johannisbrotkernmehl, Guarkernmehl
Kakaopulver	Carob (aus gerösteten Johannisbrotkernmehl)
Tomatenmark/Ketchup	selbst hergestellten Ersatz (siehe Basic)
Wurst aus Schweinefleisch	Putenwurst, Putenschinken (Nitrit-, Nitrat-, Hefefrei, frei von falscher Würze)
Schweinefleisch, Schweinefleischprodukte	Rind, Kalb, Huhn, Pute, Gans, Ente, Reh, Lamm, Strauß
Paniermehl, Brösel	hefefreies Dinkelmehl, hefefreie Dinkelbrösel, hefefreies Maismehl, hefefreie Maisbrösel
Fertigbackwaren aus Nüssen,	Backwaren aus Mandeln, Mohn
Schokolade, Kakao	Carob, Kokos
Nüsse (Haselnüsse, Erdnüsse, Macadamia, Cashewkerne, Walnüsse, Sonnenblumenkerne)	Mandeln, Pistazien, Pinienkerne, Kürbiskerne
Rohmilchprodukte und gereifter Käse	Milch, Buttermilch, Quark, Joghurt, Rahm, Mozzarella, Frischkäse, Ricotta, Butterkäse
Fertigprodukte von Kartoffeln, Nudeln, Gemüse, u.v.a.	Kartoffeln, Reis, Dinkelnudeln, Dinkel, Hafer
Essig	Essigsäure
Würzmittel, Brühwürfel, Speisewürze	Hefefreie Würze, frei von Glutamaten, Geschmacksverstärkern, Konservierungsstoffen

Basics

Chutney süß-sauer

2 Aprikosen
1 Knoblauchzehe
frischen Ingwer
2 EL reiner Apfelsaft
1 rote Mini-Paprika
1 Pr. Zucker
1 Pr. Salz
Pfeffer

Aprikosen waschen und entsteinen. Knoblauch und Ingwer schälen und grob zerkleinern. Eine Aprikose in ein hohes Gefäß geben, mit Ingwer, Knoblauch und Apfelsaft pürieren. Paprika waschen, putzen und mit der anderen Aprikose ganz klein schneiden. Alles gut vermischen und mit Zucker, Salz und Pfeffer abschmecken.

Grießknödel

4 Brötchen
300 g Dinkelgrieß
50 g Butter
250 ml Milch
2 Eier
1 Prise Salz
1 EL Maisstärke

Brötchen in etwa 1cm große Würfel schneiden und in einer Schüssel mit Grieß mischen. Butter zerlassen, mit Milch, Eiern und Salz verrühren und über die Brötchenwürfel gießen. Kurz durchmengen und eine halbe Stunde ziehen lassen. Maisstärke zugeben, einen glatten Teig kneten und zu Knödel formen. 20 Minuten in Salzwasser ziehen lassen.

Grundteig für Nudeln

450 g Dinkelmehl
4 Eier
1 TL Salz
1 EL Olivenöl

Mehl in eine Schüssel geben. Mit Eiern, Salz und Olivenöl zu einem glatten Teig kneten.

Grundteig für Pizza

300 g Dinkelmehl
1 Pck. Weinsteinbackpulver
2 TL Salz
125 g Quark
2 Eier
4 EL Rapsöl

Mehl in eine Schüssel geben. Mit Backpulver und Salz mischen. Quark, Eier und Öl dazugeben und alles zu einem glatten, geschmeidigen Teig kneten.

Kartoffelkloß

500 g Kartoffeln
1 Ei
1 Prise Salz
150 g Maisstärke

Kartoffeln in Salzwasser garen. Wasser abgießen. Kartoffeln schälen und in einer Schüssel zerkleinern oder durch eine Kartoffelpresse drücken. Die Masse abkühlen lassen. Mit Ei, Salz und Maisstärke vermengen und zu einem glatten Teig kneten. Klöße formen. 20 Minuten in Salzwasser ziehen lassen.

Remoulade

1 gekochtes Eigelb
200 g Sauerrahm
1 TL Rapsöl
1 EL Naturjoghurt
1 TL Apfelmus
Petersilie
Schnittlauch
Salz, Pfeffer

Eigelb in einer kleinen Schüssel zerdrücken. Sauerrahm, Öl, Joghurt und Apfelmus dazugeben. Alles gut verrühren. Kräuter nach Wunschmenge waschen, klein schneiden und dazugeben. Verrühren und mit Salz und Pfeffer abschmecken.

Rosmarinkartoffeln

1 kg Kartoffeln
2 EL Olivenöl
Rosmarin nach Belieben
Salz, Pfeffer
Öl zum Braten

Kartoffeln waschen und mit einer Bürste abschrubben. In Wasser garen. Wenn die Kartoffeln durch sind, in Wedges schneiden. Öl erhitzen, Kartoffeln mit klein gehackten Rosmarin anrösten und nach Bedarf mit Salz und Pfeffer abschmecken.

Salatdressing

½ TL Salz
1 Prise Zucker
1 Msp. Vitamin C-Pulver
½ TL Rapsöl
100 ml reiner Apfelsaft

Salz, Zucker und Vitamin C in einen Becher geben. Mit 100 ml Wasser, Öl und Apfelsaft gut verrühren.

Semmelknödel

500 g Weißbrot
2 Eier
250 ml Milch
1 TL Salz
evtl. etwas Petersilie oder Schnittlauch

Weißbrot in 1cm große Würfel schneiden.
Die Eier mit Milch und Salz verquirlen. Brot und Milchmischung in einer großen Schüssel mischen und kurz ziehen lassen.
Wer möchte kann noch kleingeschnittene Petersilie und Schnittlauch in den Teig einarbeiten. Knödel formen und 20 Minuten in Salzwasser ziehen lassen.

Spätzle

250 ml Milch
400 g Dinkelmehl
1 Prise Salz
3 Eier

Die Milch mit Mehl, Salz und Eiern mit einem Handrührgerät gleichmäßig verrühren und 20 Minuten zugedeckt stehen lassen. Einen großen Topf mit Salzwasser zum Kochen bringen. Spätzleteig mithilfe eines Spätzlehobels oder eines Spätzlebrettes in das kochende Salzwasser geben und 2 Minuten ziehen lassen

Tomatenersatzsoße

1 kleine Zucchini
2 rote Paprika
4 Basilikumblätter
100 g Ricotta
Salz, Pfeffer

Zucchini und Paprikas waschen, vom Strunk befreien und klein schneiden. Gemüse in einem Topf mit 100 ml Wasser garen. Basilikum waschen und zusammen darin garen. Vom Herd nehmen und mit dem Käse zu einer gleichmäßigen Soße pürieren. Mit Salz und Pfeffer abschmecken.

Tipp:

Noch leckerer schmeckt sie, wenn sie mit italienischen Kräutern verfeinert ist.

Vanillesoße

500 ml Milch
2 Eigelbe
40 g Zucker
1 EL Maisstärke
½ Röhrchen Vanillinaroma

Milch in einem hohen Topf zum Kochen bringen. Eigelb und Zucker in einer Schüssel verrühren und unter die Milch rühren. Wenn die Milch erneut aufkocht, Maisstärke dazugeben und kräftig weiterrühren und dabei aufkochen lassen. Jetzt erst Vanillinaroma dazugeben, damit es nicht unnötig verkocht.

Weißbrot (z. B. für Semmelknödel)

500 g Dinkelmehl
2 Pck. Weinsteinbackpulver
1 TL Salz

Mehl in eine große Schüssel geben, mit Weinsteinbackpulver und Salz vermischen. Nun 350 ml Wasser zugießen und alles zu einem glatten und geschmeidigen Teig kneten. Den Backofen auf 175 Grad vorheizen. Ein Backblech mit Backpapier auslegen und den Brotteig in der gewünschten Form draufgeben. 30 Minuten bei 175 Grad Ober-/Unterhitze backen.

Vorspeisen & Snacks

Ei im Glas

Für 4 Personen

2 Scheiben Weißbrot (Rezept siehe Basics Seite 29)

4 Eier
frische Petersilie
Salz, Pfeffer

Das nach Anleitung zubereitete Weißbrot in ca. 1cm dicke Würfel schneiden und als Unterschicht in ein Glas einfüllen. Die Eier so kochen, dass das Eigelb noch flüssig, aber das Eiweiß fast fest ist. Die Eier schälen, auf die Weißbrotwürfel geben und etwas zerstampfen. Frische Petersilie waschen, trocken tupfen, von den Stielen befreien, fein hacken und über die Eimasse streuen. Mit Salz und Pfeffer abschmecken. Mit einer Scheibe Brot garnieren und sofort lauwarm servieren.

Ei mit gratiniertem Möhren-Kartoffel-Stampf

Für 4 Personen

Für die Soße:
1 EL Butter
2 EL Dinkelmehl
frisch geriebenen Meerrettich
Salz, Pfeffer

Für den Stampf:
500 g Kartoffeln
200 g Möhren
2 EL Crème fraîche
evtl. etwas Milch
Salz, Pfeffer

Für die Fertigstellung:
4 hartgekochte Eier
Kresse

Den Backofen auf 175 Grad Ober-/Unterhitze vorheizen. Für den Stampf Kartoffeln und Möhren waschen, schälen und putzen, klein schneiden und in Salzwasser garen. Wasser abgießen. Möhren und Kartoffeln mit Crème fraîche und evtl. etwas Milch zu einem lockeren Stampf zerdrücken. Mit Salz und Pfeffer abschmecken, in eine Ofenform füllen und im heißen Ofen (Mitte) etwa 20 Minuten backen. Für die Soße Butter in einem Topf zerlassen, Mehl hineinrühren und mit 250 ml Wasser ablöschen. Alles gut verrühren, sodass sich keine Klümpchen bilden. Meerrettich schälen und nach Geschmack in die Soße mit einer feinen Reibe geben. Mit Salz und Pfeffer abschmecken, auf einem Teller anrichten. Eier schälen, halbieren und in die Soße legen. Mit Stampf und Kresse anrichten und heiß servieren.

Entensülze im Glas

Für 4 Personen

400 g Entenbrustfilet ohne Haut
1 EL Rapsöl
1 EL Brühepulver (hefefrei)
3 Möhren
1 Msp. Vitamin C-Pulver
8 g Agar-Agar
Salz, Pfeffer
Petersilie zum Dekorieren

Entenbrust waschen, trockentupfen, salzen und pfeffern. Rapsöl in einen Topf erhitzen. Entenbrustfilet darin gleichmäßig von allen Seiten kurz anbraten. Mit einem Liter Wasser ablöschen, mit Brühepulver verfeinern und darin garen. Eine halbe Stunde vor Ablauf der Garzeit der Ente, die Möhren waschen, putzen, in 1 cm große Würfel schneiden und im Entenfond mitgaren. Ente und Möhren aus dem Fond nehmen und abtropfen lassen. Möhren beiseitestellen. Ente in wunschgemäße Stücke schneiden und abwechseln mit den Möhren in die Gläser füllen. Von dem Fond 200 ml abnehmen, mit Vitamin C, Salz, Pfeffer und Agar-Agar in einem kleineren Topf verrühren und unter Rühren zum Kochen bringen. Kurz aufkochen und vorsichtig in die vorgefüllten Gläser einfüllen, sodass das Fleisch und die Möhren komplett bedeckt sind. Sülze abkühlen lassen und für zwei Stunden in den Kühlschrank stellen. Mit Petersilie garnieren und mit Weißbrot (Basics) anrichten.

Fleischbällchen mit Joghurtsoße

Für 4 Personen

Für die Fleischbällchen:
300 g Rinderhack
1 EL Schmand
1 Ei
2 EL Dinkelbrösel (hefefrei)
2 EL gehackte Petersilie
Paprikapulver (edelsüß)
Salz, Pfeffer
Öl zum Braten

Für die Soße:
10 cm Salatgurke
2 Knoblauchzehen
200 g Joghurt
1 EL Quark
Salz, Pfeffer

Für die Soße die Salatgurke waschen und mithilfe einer Gurkenreibe fein reiben. In einer Schüssel mit etwas Salz vermischen und stehen lassen. Knoblauch schälen und fein hacken. Gurke mit Knoblauch, Joghurt und Quark verrühren. Mit Salz und Pfeffer abschmecken. Für die Fleischbällchen Hackfleisch mit Schmand, Ei, Brösel, Petersilie, Salz, Pfeffer und Paprikapulver gleichmäßig vermischen. Aus der Masse gleichgroße Bällchen formen. Öl in einer Pfanne erhitzen. Die Fleischbällchen von allen Seiten gründlich anbraten und garen. Auf einem Küchenkrepp abtropfen lassen.

Tipp:

Wer möchte kann die Fleischbällchen abwechselnd mit einer Scheibe Salatgurke auf Stäbchen aufspießen, mit Joghurtsoße und Weißbrot (Basics) servieren.

Fleischpastetchen

Für 4 Personen

200 g Straußensteak
1 Stange Lauch
Rosmarin getrocknet
120 g Dinkelmehl
75 g Butter
50 g Schmand
1 EL Sahne
1 Eigelb
Sesam zum Bestreuen
etwas Dinkelmehl für die Arbeitsfläche
Salz, Pfeffer,
Rapsöl zum Braten

Für die Pastetchen das Straußensteak waschen, trockentupfen und durch den Fleischwolf drehen oder ganz fein schneiden. Lauch waschen und in kleine Rädchen schneiden. Öl in einer Pfanne erhitzen und das zerkleinerte Fleisch und den Lauch darin anbraten und garen. Mit Salz und Pfeffer und Rosmarin abschmecken. Den Backofen auf 180 Grad (Ober-/Unterhitze) vorheizen. Mehl, 1 Prise Salz, Butter, Schmand und Sahne in einer großen Schüssel mischen und zu einem glatten Teig kneten. Auf einer bemehlten Arbeitsfläche den Teig dünn ausrollen und mithilfe eines Bechers oder Glases Kreise (10 cm) ausstechen. Ei in einer Schüssel verquirlen. Das Fleischbrät auf die Hälfte eines Kreises geben (Rand lassen zum Zusammenlegen). Mithilfe eines Küchenpinsels den Rand des Teigkreises mit Eigelb bestreichen, zusammenlegen und zusammendrücken und mit Sesam bestreuen. Ein Backblech mit Backpapier belegen, die Teighalbkreise darauf verteilen und im heißen Ofen (Mitte) etwa 20 Minuten backen. Dazu reicht man ein Chutney süßsauer (Rezept siehe Basics Seite 24).

Gefüllte Paprika

Für 4 Personen

Für die Käsefüllung:
1 Knoblauchzehe
1 Frühlingszwiebel
Oregano
Thymian
Basilikum
1 EL Joghurt (Natur)
200 g Frischkäse
Salz, Pfeffer
2 kleine Paprikas

Für die Fleischfüllung:
1 Lauchzwiebel
200 g Rinderhack
Majoran
Basilikum
Schnittlauch
20 ml Brühe (hefefrei)
Salz, Pfeffer
Öl zum Braten
2 kleine Paprikas

Für die Käsefüllung zuerst Knoblauch schälen und fein hacken. Frühlingszwiebel putzen und klein schneiden. Kräuter waschen, trockentupfen, von den Stielen befreien und klein hacken.
Joghurt und Frischkäse in einer Schüssel gut vermischen, Kräuter dazugeben und gut verrühren. Mit Salz und Pfeffer abschmecken.
Für die Fleischfüllung Frühlingszwiebel putzen und klein schneiden. Öl in einer Pfanne erhitzen und Zwiebel und Rinderhack darin anbraten. Kräuter waschen, trockentupfen, von den Stielen befreien und klein hacken.
Gegartes Fleisch in einem Mixer mit der Brühe zerkleinern, mit Kräutern mischen und mit Salz und Pfeffer abschmecken. Die Paprikas waschen, putzen und längs halbieren. Jeweils eine Hälfte mit Frischkäse und die andere mit der Fleischcreme bestreichen.
Mit Kräutern garnieren.

Gemüserollen

Für 4 Personen

Für den Teig:
125 g Dinkelmehl
1 Pr. Salz
80 g Butter
50 g Schmand
Mehl zum Ausrollen

Für die Füllung:
1 Zwiebel
4 Möhren
1 rote Paprika
1 gelbe Paprika
1 Mangold
1 Knoblauch
Oregano
Salz, Pfeffer
Öl zum Dünsten

Für den Teig Mehl, Salz, Butter und Schmand in einer Schüssel zu einem glatten Teig verkneten und zugedeckt 20 Minuten ruhen lassen. Den Backofen auf 200 Grad Ober-/Unterhitze vorheizen. Ein Backblech mit Backpapier belegen. Für die Füllung Gemüse waschen, putzen und klein schneiden. Öl in einem Topf erhitzen, Gemüse darin anschwitzen und dünsten. Oregano waschen, trocken tupfen, klein hacken und dazugeben. Mit Salz und Pfeffer abschmecken. Teig nochmals durchkneten und auf einer bemehlten Arbeitsfläche dünn ausrollen. Quadrate mit einer Größe von 15 x 15 cm mit einem Messer ausschneiden. Gemüsemischung darauf verteilen, die Seiten des Teiges nach innen einschlagen und vorsichtig aufrollen. Die Rollen auf das Backblech legen und im heißen Ofen 20 Minuten backen und heiß servieren.

Geschmorter Chicoreé

Für 4 Personen

Für den Chicoreé:
2 Chicoreéstauden
1 Zwiebel
1 EL Butter
Salz, Pfeffer

Für die Soße:
1 Becher Joghurt (Natur)
1 EL Apfelmus
Paprikapulver (edelsüß)
Salz, Pfeffer

Für die Soße Joghurt in einer Schüssel mit Apfelmus verrühren. Mit Salz, Pfeffer und Paprikapulver verfeinern und abschmecken. Den Strunk des Chicoreès entfernen. Die einzelnen Blätter auseinzeln. Dann waschen und mit einem Küchenkrepp trockentupfen. Die Zwiebel schälen und in feine Würfel schneiden. Die Butter in einer Pfanne erhitzen und portionsweise Chicoreé mit Zwiebeln darin kurz anschwitzen. Es ist wichtig, dass Sie nicht alle Blätter auf einmal anschwitzen damit alle Blätter gleichmäßig in der heißen Butter zum liegen kommen. Fertige Chicoreéblätter aus der heißen Pfanne nehmen, mit Salz und Pfeffer würzen und mit der Soße anrichten.

Gründonnerstagsrolle

Für 4 Personen

Für die Rolle:
6 Eier
4 EL Sahne
Salz, Pfeffer
Öl zum Braten

Für die Füllung:
2 Kartoffeln
1 Mangold
Liebstöckel
Salz, Pfeffer

Die Kartoffeln waschen, schälen und vierteln. Einen Topf mit Salzwasser zum Kochen bringen und die Kartoffeln darin garen. Die Mangoldblätter verlesen, putzen, waschen und in schmale Streifen schneiden. In einem Topf Öl erhitzen, Mangoldblätter darin kurz dünsten, drei Esslöffel Wasser angießen und garen. Die gegarten Kartoffeln abgießen und in einer Schüssel mit einer Gabel zermusen. Gegarten Mangold in ein hohes Gefäß geben und pürieren. Liebstöckel waschen, von Stielen befreien und kleinschneiden. Kartoffeln, Mangold und Gewürze in einer Schüssel verrühren. Die Eier in einer Schüssel mit Sahne, Salz und Pfeffer verquirlen. In einer Pfanne Öl erhitzen und die Eimasse zum Omelett ausbacken. Fertiges Omelett aus der Pfanne nehmen, mit der Mangold-Kartoffelmasse 1cm dick bestreichen, vorsichtig aufrollen und in Stücke schneiden. Sofort servieren.

Hähnchenfiletspitzen im Zucchinimantel

Für 4 Personen

Für die Hähnchen:
8 Hähnchenfiletspitzen
Öl zum Verrühren
Paprikapulver (edelsüß)
Salz, Pfeffer

Für den Zucchinimantel:
1 Zucchini
8 Basilikumblätter
Schnittlauch
Salz, Pfeffer
Öl zum Braten

Für den Zucchinimantel Zucchini waschen, vom Stiel und Blütenansatz befreien und mit einem Sparschäler der Länge nach dünne Scheiben abschälen. Leicht salzen und Pfeffern. Öl in einer Pfanne heiß machen und die Zucchinischeiben vorsichtig von beiden Seiten braten. Aus der Pfanne nehmen und auf einem Küchenkrepp abtropfen lassen. Für die Hähnchen die Filetspitzen unter fließendem Wasser waschen, trocken tupfen. In einer Schüssel Öl mit Salz, Pfeffer und Paprikapulver verrühren und die Filetspitzen damit bestreichen. Eine Pfanne heiß machen und die Filetspitzen darin von allen Seiten anbraten und garen. Die gegarten Hähnchen auf einem Küchenkrepp vom Fett befreien, mit einer Zucchinischeibe an der Schmalseite umhüllen, ein gewaschenes, großes und dekoratives Basilikumblatt auflegen und das ganze mit einem Schnittlauchhalm zusammenbinden. Noch heiß servieren.

Tipp:
Dazu ein Weißbrot reichen (Rezept siehe Basics Seite 29).

Italienische Tartelettes

Für 4 Personen

Für den Teig:
200 g Mehl
100 g Butter
½ TL Salz
1 Ei
Butter zum Fetten

Für den Belag:
1 kleine Zucchini
1 kleine rote Paprika
1 EL Öl
1 Knoblauchzehe
2 Eier
150 g Sahne
Oregano, Basilikum
Salz, Pfeffer

Für den Teig Mehl in eine große Schüssel geben, mit Butter, Salz und Ei zu einem glatten, geschmeidigen Teig verkneten. Backofen auf 175 Grad Ober-/Unterhitze vorheizen. Die Tartelletteförmchen mit Butter fetten und mit Teig auslegen und einen kleinen Rand formen. Die Förmchen anschließend im Kühlschrank 20 Minuten ruhen lassen.

Für den Belag Zucchini und Paprika waschen und putzen. Zucchini in dünne Scheiben und Paprika in dünne Streifen schneiden. Öl in einer kleinen Pfanne erhitzen und Gemüse darin kurz dünsten. Knoblauchzehe schälen und klein hacken. Eier mit Sahne, Salz und Pfeffer verquirlen. Kräuter waschen, trocken tupfen, von Stielen befreit klein hacken mit der Eimasse mischen. Knoblauch, Zucchini und Paprika gleichmäßig auf den gekühlten Tartelettes verteilen und mit der Eimasse übergießen. Im heißen Ofen (Mitte) 20 Minuten backen und noch heiß servieren.

Kräuterbaguette

Für 4 Portionen

Für den Teig:
siehe Weißbrot-Rezept bei Basics (Seite 29)

Für die Butter:
1 Knoblauchzehe
Basilikum
Bärlauch
Oregano
Petersilie
Schnittlauch
3 EL weiche Butter
Salz
Basilikumblatt für die Dekoration

Den Backofen auf 175 Grad mit Ober-/Unterhitze vorheizen. Ein Backblech mit Backpapier belegen. Für die Baguettes den Teig wie in Kapitel Basics angegeben zubereiten. Den Weißbrotteig in vier gleichgroße Teile teilen und jeweils ein Baguette daraus formen und auf dem Blech verteilen. In die Baguettes oben leicht einschneiden. Im heißen Ofen (Mitte) etwa 25 Minuten backen. In der Zwischenzeit Knoblauch schälen und fein hacken. Kräuter waschen, trocken tupfen, von den Stielen befreien und fein hacken. Knoblauch und Kräuter mit der weichen aber nicht geschmolzenen Butter gleichmäßig verrühren. Mit Salz abschmecken. Die gebackenen Baguettes aus dem Ofen nehmen, kurz abkühlen lassen und von oben Scheiben einschneiden, aber nicht abschneiden. Die Zwischenräume mit der Butter besteichen und mit einem frischen Basilikumblatt anrichten.

Kürbissoufflé

Für 4 Personen

200 g Hokkkaidokürbis
2 EL Brühe
3 Eier
1 Prise Salz
1 EL Butter
1 EL Mehl
150 ml Milch
etwas Thymian
Salz, Pfeffer
Butter für die Form
Thymianzweig für die Dekoration

Den Kürbis waschen, vierteln, vom Strunk und dem kernigen Innenleben befreien und grob zerkleinern. Einen Esslöffel hefefreie Brühe mit 2 Liter Wasser in einem großen Topf zum Kochen bringen. Den Kürbis dazugeben und ca. 20 Minuten weich kochen. In der Zwischenzeit den Backofen auf 150 Grad Ober-/Unterhitze vorheizen. Die Kürbisstücke aus dem Kochsud nehmen, abtropfen und erkalten lassen. Anschließend zu einer gleichmäßigen Masse pürieren. Die Eier trennen, Eiweiß mit einer Prise Salz steif schlagen. Das Eigelb mit dem pürierten Kürbis, Butter, Mehl, Milch und 2 EL Brühe gut verrühren. Den Thymian waschen, vom Stiel befreien und klein schneiden. Mit Salz und Pfeffer unter die Kürbismischung geben und abschmecken. Nun den Eischnee vorsichtig unterheben. Souffléförmchen mit Butter fetten und zur Hälfte mit der Masse füllen. Förmchen in eine Ofenpfanne stellen und zur Hälfte mit kochendem Wasser aufgießen. Im heißen Ofen (Mitte) bei 150 Grad etwa 60 Minuten backen. Die Soufflés vorsichtig aus dem Ofen nehmen, mit einem kleinen Thymianzweig garnieren und noch ofenwarm servieren.

Maistortillias

Für 4 Personen

Für die Tortillias:
90 g Maismehl
½ TL Salz
2 Eier
200 ml Milch
1 TL Rapsöl

Für die Soße:
1 Knoblauchzehe
Oregano, Thymian
200 g griechischen Joghurt
3 EL Milch
Salz, Pfeffer

Für die Füllung:
100 g gekochten Reis
200 g Hähnchenbrustfilet
Salz, Pfeffer
1 EL Ghee
1 Zwiebel
1 rote Paprika
200 g Mais

Für die Füllung Reis in reichlich Salzwasser garen. In der Zwischenzeit für die Tortillas Mehl mit Salz, Ei und Milch verquirlen. Öl in einer Pfanne erhitzen und den Teig zu dünnen Pfannkuchen ausbacken. Hähnchenbrustfilet waschen, trocknen, in schmale Streifen schneiden und mit Salz und Pfeffer würzen. Ghee in einer Pfanne schmelzen und das Fleisch darin anbraten. Zwiebel schälen und in dünne Ringe schneiden. Paprika waschen, putzen und in kleine Happen schneiden, mit Mais, Fleisch, Zwiebeln und Reis mischen und die gebackenen Tortillias damit zur Hälfte belegen und aufwickeln.
Für die Soße Knoblauch schälen und klein hacken. Kräuter waschen, trockentupfen, klein schneiden und mit Knoblauch, Joghurt und Milch verrühren. Mit Salz und Pfeffer abschmecken und von oben in die gewickelten Tortillias geben. Aufrecht am besten im Glas servieren.

Mediterranes Ofen-Päckchen

Für 4 Personen

Für das Päckchen:
Weißbrotscheiben (siehe Basics Seite 29)
1 kleine Zucchini
1 Paprika
Basilikum, Oregano, Rosmarin, Thymian, Borretsch
2 Knoblauchzehen
4 Frühlingszwiebeln
1 Mozzarella
Rosmarinzweig für die Dekoration
Salz, Pfeffer
Öl zum Braten

Den Backofen auf 175 Grad Ober-/Unterhitze vorheizen. Ein Backblech mit Backpapier belegen. Für die Päckchen das Weißbrot wie im Kapitel Basics beschrieben zubereiten und anschließend im heißen Ofen (Mitte) 30 Minuten backen. Das gebackene Brot aus dem Ofen nehmen, abkühlen lassen und die gewünschte Brotmenge in kleine gleichgroße Würfel schneiden.

Zucchini, Paprika und Kräuter waschen. Zucchini von den Ansätzen befreien. Bei der Paprika das kernige Innenleben wegschneiden, Knoblauch schälen und Zwiebeln putzen. Gemüse in kleine Würfel schneiden. Öl in einer Pfanne erhitzen und Gemüse darin dünsten. Mit Salz und Pfeffer abschmecken. Kräuter waschen, trocken tupfen, von Stielen befreien und klein hacken. Kräuter, Gemüse und Brotwürfel mischen und portionsweise in Alufolie wickeln. Mit Mozzarella belegen und im heißen Ofen 20 Minuten backen und anschließend mit einem Rosmarinzweig angerichtet heiß servieren.

Möhren mit Kressequark

Für 4 Personen

12 große Möhren
100 g Joghurt (Natur)
250 g Quark
1 Prise Zucker
100 g Kresse
Salz, Pfeffer

Die Möhren unter fließendem Wasser gründlich waschen. Am besten mit einer Gemüsebürste abschrubben oder Möhren sauber schaben. Mit Küchenkrepp abtupfen. Möhren der Länge nach vierteln. In etwa 10 cm lange Stücke schneiden und gleichmäßig auf die Portionsgläser verteilen. Für den Kressequark Joghurt mit Quark in einer Schüssel verrühren. Mit Salz, Pfeffer und Zucker abschmecken. Kresse schneiden und etwa einen Teelöffel Kresse zum Garnieren auf die Seite stellen. Restliche Kresse unter den Quark rühren und ebenfalls portionsweise verteilen.

Mozzarellasticks mit Mangochutney

Für 4 Personen

Für die Sticks:
4 Mozzarella
1 Ei
2 EL Mehl
3 EL Dinkelbrösel
Salz, Pfeffer
Öl für die Pfanne

Für das Chutney:
1 rote Paprika
1 Aprikose
200 ml Apfelsaft
1 TL Mangomus
1 Knoblauchzehe
frischen Ingwer
Vitamin C-Pulver
Salz, Pfeffer

Für das Chutney Paprika und Aprikose waschen und mit einem Küchenkrepp trocknen. Paprika entkernen und in kleine Würfelchen schneiden. Aprikose entsteinen. Mit der Hälfte der Paprika und dem Apfelsaft in ein hohes Gefäß geben und pürieren. Mangomus und restliche Paprika dazugeben. Knoblauchzehe und gewünschte Ingwermenge schälen, ganz fein hacken und ebenfalls mit der Soße verrühren. Mit Salz, Pfeffer und Vitamin C abschmecken. Für die Sticks die Mozzarella auf Stickformat schneiden. Ei in einer Schüssel mit Salz und Pfeffer verquirlen. Mozzarellasticks zuerst durch das Ei ziehen, dann im Mehl und am Schluss in den Bröseln wenden. Öl in einer Pfanne erhitzen und die panierten Sticks darin goldgelb ausbacken (Vorsicht, sonst zerlaufen diese). Noch warm mit Chutney anrichten und servieren.

Pizzetinis

Für 4 Personen

Für den Teig:
Die halbe Menge vom Grundteigrezept für Pizza wie in Basics (s. Seite 25) beschrieben

Für den Belag:
1 rote Paprika
1 EL Crème fraîche
Basilikum, Oregano
Thymian, Majoran
200 g Mozzarella
Salz, Pfeffer
Basilikumzweige für die Dekoration

Den Backofen auf 200 Grad (Ober-/Unterhitze) vorheizen. Ein Backblech mit Backpapier auslegen. Den Teig wie in den Basics beschrieben zubereiten und in Form von kleinen Pizzetinis auf das Backblech legen. Für den Belag die Paprika waschen, putzen und in einem hohen Gefäß mit Crème fraîche pürieren. Kräuter waschen, trockentupfen und fein schneiden. Paprikacreme mit Kräuten verrühren, mit Salz und Pfeffer abschmecken und die Pizzetinis damit bestreichen. Mozzarella in kleine Würfelchen schneiden und darüber gleichmäßig verteilen. Die Pizzetinis im heißen Ofen (Mitte) 15 Minuten backen. Noch heiß mit einem kleinen Basilikumzweig servieren.

Puris mit Kürbissalsa

Für 4 Personen

Für die Puris:
260 g Dinkelmehl
1 TL Salz
1 TL Kümmel (ganz)
1 EL Butter
2 EL Joghurt
Öl zum Frittieren
Rosmarinzweig für die Dekoration

Für die Salsa:
80 g gekochte Kartoffeln
50 g gekochten Kürbis
2 Knoblauchzehen
1 EL Kürbiskerne
2 EL Frischkäse
Salz, Pfeffer

Für die Puris wird Dinkelmehl, Salz, Kümmel, Butter, Joghurt und 140 ml Wasser zu einem glatten Teig geknetet. Walnussgroße Teigmengen abtrennen und flache Taler formen.
Öl in einem hohen Topf heißmachen und die Puris darin frittieren. Für die Salsa die gekochte Kartoffel schälen und mit dem Kürbis in einer Schüssel mithilfe einer Gabel zerdrücken. Knoblauchzehe schälen, mit den Kürbiskernen fein hacken und zum Kürbis-Kartoffelmus geben. Mit Frischkäse, Salz und Pfeffer gut verrühren und abschmecken. Zum Anrichten die Salsa mit einem Rosmarinzweig belegen.

Reisbällchen süß-sauer

Für 4 Personen

Für die Reisbällchen:
250 g Reis
2 EL Bärlauch
1 Zwiebel
2 Eier
4 EL Maisbrösel
Salz, Pfeffer
Öl zum Braten

Für die Süß-saure-Soße:
siehe Chutney-Rezept bei Basics aus Seite 24

Für die Soße Rezept wie im Kapitel Basics S. 24 beschrieben zubereiten. Für die Bällchen den Reis in reichlich Salzwasser garen und anschließend abkühlen lassen. Bärlauch waschen, trocken tupfen und fein hacken. Zwiebel schälen und ebenfalls fein hacken. Eier, Maisbrösel, Zwiebel und dem gegarten, abgekühlten Reis vermischen. Mit Bärlauch, Salz und Pfeffer gründlich vermengen und abschmecken. Reismasse zu kleinen Klößchen formen. Öl in einer Pfanne erhitzen und die Reisbällchen in kleinen Portionen darin von allen Seiten knusprig und goldbraun braten. Mit dem Chutney anrichten. Ist heiß und kalt ein Genuss.

Für 4 Personen

Für den Teig:
siehe Weißbrot-Rezept bei Basics (Seite 29)

Für den Belag:
2 Putenschnitzel
1 Salatgurke
1 orangene Paprika
Salatblätter
2 hartgekochte Eier
200 g Schmand
Salz, Pfeffer
Öl zum Braten

Den Backofen auf 175 Grad mit Ober-/Unterhitze vorheizen. Ein Backblech mit Backpapier belegen. Für die Sandwiches die Hälfte des Teiges wie im Kapitel Basics angegeben zubereiten. Den Teig in gleichgroße Stücke abteilen, Sandwiches daraus formen und auf das Backblech legen. Im heißen Ofen (Mitte) 20 Minuten backen.

In der Zwischenzeit Putenschnitzel waschen, mit Küchenkrepp abtrocknen, in schmale Streifen schneiden und leicht salzen und pfeffern. Das Öl in einer Pfanne erhitzen und die Fleischstreifen darin gleichmäßig anbraten und garen. Salatgurke, Paprika und Salatblätter waschen. Gurke von Blüte und Stiel befreien und in mundgerechte Würfel schneiden. Paprika putzen und ebenso schneiden. Eier schälen und fein schneiden. Die gegarten Fleischstreifen in einer Schüssel mit Gurke, Paprika, Ei und Schmand mischen, mit Salz und Pfeffer abschmecken. Sandwiches aus dem Ofen nehmen, abkühlen lassen, aufschneiden, mit Salatblättern und Fleischmasse belegen.

Tipp:

Wer möchte kann es noch mit frischen Kräutern verfeinern.

Spargel-Mais-Schnitte

Für 4 Personen

250 g grüner Spargel
1 Zwiebel
1 Knoblauchzehe
1 Bund Suppengrün
150 g Maisgrieß
1 EL Butter
Schnittlauch zum Garnieren
Salz, Pfeffer

Den grünen Spargel unter fließendem Wasser waschen. Die unteren Enden, an denen er meist holzig ist, großzügig abschneiden. Einen halben Liter Wasser mit Salz zum Kochen bringen und den Spargel ca. 15 Minuten darin garen. In der Zwischenzeit den Backofen auf 200 Grad mit Ober-/Unterhitze vorheizen lassen. Ein Backblech mit Backpapier auslegen.
Die Zwiebel und die Knoblauchzehe schälen und fein schneiden. Das Suppengrün putzen und auch klein schneiden. Aus den Zwiebeln, Knoblauch und Suppengrünwürfeln einen Sud kochen. 10 Minuten kochen lassen und dann durch ein Sieb streichen. Den Sud in einem Topf auffangen, mit der Polenta verrühren und unter Rühren garen. Die Butter unterrühren, mit Salz und Pfeffer abschmecken. Die Polentamasse auf das vorbereitete Backblech streichen, die Spargelstangen darauf verteilen, leicht andrücken und im heißen Ofen (Mitte) 10 Minuten backen. Zum Servieren in rautenförmige Stücke schneiden und mit Schnittlauch auf den Tellern anrichten. Noch warm servieren.

Spargeltempura

Für 4 Personen

Für die Tempura:
800 g grünen Spargel
etwas Salz
1 Ei
3–4 EL Dinkelmehl
½ Pck. Weinsteinbackpulver
350 ml Rapsöl

Für den Dip:
Petersilie, Schnittlauch
2 EL Quark
1 EL Milch
Salz, Pfeffer

Für die Tempura den grünen Spargel unter fließendem Wasser waschen und die Enden, an denen er meist holzig ist, großzügig abschneiden. Einen Topf mit Salzwasser zum Kochen bringen und den Spargel darin etwa 15 Min garen. In der Zwischenzeit für den Dip Kräuter waschen, trocken tupfen, klein hacken und in einer Schüssel mit Quark und Milch verrühren. Mit Salz und Pfeffer abschme-cken. Die fertigen Spargelstangen aus dem Sud nehmen, auf einem Küchenkrepp abtropfen und erkalten lassen. Für den Teig Ei, Mehl und Backpulver in einer Schüssel verquirlen. Der Teig darf nicht zu zähflüssig sein. Öl in einem hohen Topf erhitzen. Die Spargelstangen durch den Ausbackteig der Reihe nach ziehen, kurz überschüssigen Teig abstreifen und sofort im heißen Öl in kleinen Portionen frittieren. Darauf achten, dass die Spargelstangen beim Frittieren nicht miteinander verkleben. Fertig sind diese, wenn sie goldbraun obenauf schwimmen.
Die Stangen herausnehmen, mit einem Küchenkrepp abtupfen und noch heiß mit dem Dip servieren.

Zucchiniröllchen

Für 4 Personen

Für die Röllchen:
2 Zucchini
1 EL Olivenöl
1 Knoblauchzehe
2 EL gehackte Mandeln
200 g Ricotta
3 Basilikumblätter
Salz, Pfeffer
Schnittlauch zum Garnieren

Für die Paprika-Soße:
2 rote Paprika
1 EL Ricotta
2 EL Olivenöl
1 Zwiebel
Salz, Pfeffer

Den Backofen auf 180 Grad (Ober-/Unterhitze) vorheizen. Die Zucchini waschen, putzen und mit einem Sparschäler längs in dünne Streifen schneiden. Ein Backblech mit Backpapier auslegen, die Zucchinistreifen darauf verteilen und mit Olivenöl bestreichen. Leicht salzen und pfeffern und im heißen Ofen (Mitte) etwa 8 Minuten backen. Für die Soße die Paprika waschen, putzen und grob zerkleinern. Ricotta und Öl in ein hohes Gefäß geben, die grob zerkleinerten Paprikastücke dazugeben und mit dem Pürierstab zerkleinern. Die Zwiebel schälen, fein würfeln und unterrühren. Mit Salz und Pfeffer abschmecken. Für die Röllchen die Zucchinistreifen aus dem Ofen nehmen und abkühlen lassen. Für die Füllung Knoblauch schälen, fein hacken, mit Mandeln und Ricotta in einer Schüssel gut verrühren. Basilikum waschen, trockentupfen, klein schneiden und in die Soße rühren. Mit Salz und Pfeffer abschmecken, die Zucchinistreifen damit dick bestreichen und vorsichtig aufrollen. Die Röllchen mit der Paprikasoße anrichten und mit Schnittlauch garnieren.

Hauptgerichte

Apfelstrudel

Für 4 Personen

Für den Strudelteig:
250 g Dinkelmehl
1 Pr. Salz
180 g Butter
125 g Schmand
Mehl zum Ausrollen

Für die Füllung:
1 kg Äpfel
1 EL Butter
2 EL Dinkelbrösel
150 g Mandelstifte
200 g Schmand
150 g Rohrzucker
Zimt nach Geschmack

Für die Fertigstellung:
50 g Butter
zum Bestreichen
Puderzucker
zum Bestäuben

Für die Vanillesoße:
siehe Kapitel Basics
(Seite 29)

Den Backofen auf 200 Grad Ober-/Unterhitze vorheizen. Ein Backblech mit Backpapier belegen. Für den Teig Mehl, Salz, Butter und Schmand zu einem gleichmäßigen Teig verkneten und zugedeckt an einen warmen Ort 20 Minuten stehen lassen.
Äpfel waschen, schälen, Kernhaus entfernen und in Würfel schneiden. Butter zerlassen, mit den Brösel, Mandeln, Schmand, Zucker, Zimt und den Äpfeln mischen. Eine Arbeitsfläche bemehlen, Teig nochmals durchkneten und hauchdünn ausrollen. Teig nochmals 20 Minuten ruhen lassen.
Teig mit der Apfelmasse belegen und zum Strudel aufrollen. Mit Butter besteichen und im heißen Ofen (Mitte) 40 bis 50 Minuten goldgelb backen.
Für die Soße alles wie im Kapitel Basics genau beschrieben zubereiten. Den fertigen Strudel aus dem Ofen nehmen, mit Puderzucker bestäuben und mit Vanillesoße noch heiß servieren.

Asiatischer Kokosreis

Für 4 Personen

250 g Duftreis
2 Mangold
2 gelbe Paprika
1 rote Paprika
3 Möhren
frischer Ingwer
350 ml Kokosmilch
4 EL gehobelte Kokos
Salz, Pfeffer
Öl zum Braten

Zuerst den Reis in reichlich Salzwasser garen. Gemüse waschen, putzen und klein schneiden. Ingwer schälen und klein schneiden. Öl in einem Topf erhitzen, Gemüse und Ingwer darin dünsten, mit Kokosmilch ablöschen und mit Salz und Pfeffer abschmecken.
Mit gehobelter Kokos anrichten, den Reis zugeben und heiß servieren.

Bärlauchmakkaroni mit Rind

Für 4 Personen

Für die Makkaroni:
450 g Dinkelmehl
4 Eier
1 TL Salz
1 EL Öl
10 Bärlauchblätter
4 Basilikumblätter

Für das Rind:
400 g Rinderminutensteak
1 gelbe Paprika
1 EL Ghee
1 Knoblauchzwiebel
2 EL Sesamkörner
Salz, Pfeffer

Für die Makkaroni Mehl, Eier, Salz und Öl zu einem gleichmäßigen Teig verkneten. Kräuter waschen, zerdrücken und in den Teig gleichmäßig einarbeiten und kurz ruhen lassen. Teig durch die Nudelmaschine oder Fleischwolf drehen (kann man auch mit den Händen zu langen dünnen Würsten formen) und auf einem sauberen Handtuch kurz trocknen lassen. Für das Rind das Fleisch waschen, mit einem Küchenkrepp trocknen und in schmale Streifen schneiden. Paprika waschen, putzen und ebenfalls in schmale Streifen schneiden. Einen großen Topf mit Salzwasser zum Kochen bringen und die Makkaroni darin 6 Minuten garen. Ghee in einer Pfanne erhitzen. Fleisch, kleingeschnittene Knoblauchzwiebel und Paprika darin abraten. Sesamkörner unterrühren und kurz mit anschwitzen. Mit Salz und Pfeffer abschmecken.
Makkaroni abgießen und mit dem Fleisch zusammen auf Tellern anrichten und heiß servieren.

Chili mal anders

Für 4 Personen

2 rote Paprika
1 Zucchini
2 Zwiebeln
Petersilie
750 g Rinderhack
500 g TK Mais
Paprikapulver (edelsüß)
Kümmel
Zwiebelringe für die Garnitur
Maisstärke zum Binden
Salz, Pfeffer
Öl zum Braten

Für das Chili Paprika waschen, putzen und in kleine Würfelchen schneiden. Zucchini waschen, putzen und ebenfalls in kleine Würfelchen schneiden. Zwiebel schälen und klein hacken. Petersilie waschen, trocken tupfen, von Stielen befreien und klein hacken.
Öl in einem Topf erhitzen und das Hackfleisch darin anbraten. Mit Wasser ablöschen. Paprika, Mais, Zucchini und Zwiebelwürfel dazugeben, unterrühren und auf niedriger Temperatur köcheln lassen. Mit Kräutern und Gewürzen abschmecken und mit Maisstärke binden. Mit feinen Zwiebelringen garniert noch heiß servieren.

Tipp:

Am besten schmeckt dazu ein Weißbrot (siehe Basics Seite 29).

Döner

Für 4 Portionen

Für den Döner:
siehe Weißbrotrezept im Kapitel Basics (Seite 29)
grobes Salz
schwarzer Sesam

Für die Soße:
2 Knoblauchzehen
1 Minigurke
300 ml Joghurt (Natur)
1 EL Quark
Salz, Pfeffer

Für die Füllung:
300 g Hühnberbrust
2 Zwiebeln
1 Paprika
1 kleine Gurke
1 Eisbergsalat
Paprikapulver (edelsüß)
Salz, Pfeffer
Öl zum Braten

Den Backofen auf 175 Grad Ober-/Unterhitze vorheizen. Für den Döner Weißbrotteig wie im Kapitel Basics beschrieben zubereiten. Döner formen, mit groben Salz, weißen und schwarzen Sesam bestreuen, andrücken und im heißen Ofen (Mitte) 20 Minuten backen. Aus dem Ofen nehmen und auf einem Küchenrost abkühlen lassen. Für die Soße Knoblauch schälen und klein hacken. Gurke waschen und mit einer Gurkenreibe in kleine Stückchen reiben. Gurke und Knoblauch in einer Schüssel mit Joghurt und Quark mischen. Mit Salz und Pfeffer abschmecken.
Für die Füllung Hühnerbrust unter fließendem Wasser waschen, mit einem Küchenkrepp trocknen und in schmale Streifen schneiden. Zwiebel schälen und in gleichmäßige Ringe hobeln. Paprika waschen, putzen und in dünne Streifen schneiden. Gurke waschen und in Scheiben hobeln. Salat verlesen, putzen, in Streifen schneiden und waschen. Öl in einer Schüssel mit Salz, Pfeffer und Paprikapulver verrühren, mit den Hühnerstreifen vermengen und in einer Pfanne braten. Döner auf einer Seite aufschneiden mit Salat, Gurken, Zwiebeln, Paprika und Hühnchen füllen, mit Soße bedecken und sofort servieren.

Falsches Schnitzel

Für 4 Personen

Für das Schnitzel:
4 Eier
8 EL Dinkelmehl
10 EL Dinkelbrösel (hefefrei)
Salz, Pfeffer
Öl zum Braten

Für das Schnitzel die Eier in einer Schüssel mithilfe einer Gabel verquirlen. Nach und nach Mehl hineinsieben und gleich mit der Gabel einrühren. Nun die Brösel mithilfe einer Gabel einarbeiten sodass es eine gleichmäßige und klumpenfreie Masse wird. Die Masse mit Salz und Pfeffer abschmecken und zugedeckt eine halbe Stunde ruhen lassen. Aus der Masse mit den Händen Schnitzel formen. Öl in einer Pfanne erhitzen und die Schnitzel darin anbraten. Auf einem Küchenkrepp abtropfen lassen und noch heiß am besten mit Bratkartoffeln servieren.

Fettuccine mit Salbeisoße

Für 4 Personen

Für die Fettuccine:
siehe Nudelteig im Kapitel Basics (Seite 24)

Für die Soße:
8 große Salbeiblätter
1 Zwiebel
1 TL Olivenöl
350 ml Milch
200 ml Sahne
Maisstärke
Salz, Pfeffer

Für die Fettuccine den Nudelteig wie im Kapitel Basics beschrieben zubereiten. Entweder Nudelteig dünn ausrollen und in dünne Streifen schneiden oder Nudelteig durch die Nudelmaschine mit dem entsprechenden Einsatz drehen. Für die Soße Salbeiblätter waschen, trocken schütteln und klein hacken. Zwiebel schälen und in kleine Würfelchen schneiden. Olivenöl in einem Topf erhitzen und Zwiebeln darin kurz anschwitzen. Mit Milch und Sahne ablöschen und aufkochen lassen. Maisstärke einrühren und unter ständigem Rühren weiterköcheln lassen. Salbeiblätter dazugeben und mit Salz und Pfeffer abschmecken. Fettuccine in reichlich kochendem Salzwasser al dente garen. Anschließend Kochwasser abgießen und Fettuccine mit Salbeisoße anrichten und noch heiß servieren.

Fleischkäse

Für 4 Personen

400 g Putenfleisch
100 g Rapsöl
50 ml Brühe (hefefrei)
1 Msp. Majoran
1 Msp. Rosmarin
1 Msp. Paprikapulver
10 g Salz
1 TL Pfeffer
Öl zum Fetten

Für den Fleischkäse den Backofen auf 180 Grad Ober-/Unterhitze vorheizen. Putenfleisch in einer Küchenmaschine zerkleinern. Nach und nach Öl und Brühe dazugeben. So lange in der Küchenmaschine weiterrühren bis eine homogene Masse entstanden ist. Kräuter und Gewürze dazugeben und unterrühren. Je länger man rührt umso besser binden sich die wässrigen Bestandteile. Eine Terrinenform mit Öl einstreichen und die fertig gerührte Fleischmasse einfüllen. Im heißen Ofen (Mitte) 90 Minuten garen. Eine leckere Kruste bekommt man, wenn man den Ofen die letzten 15 Minuten auf Grillen umstellt. Mit Bratkartoffeln oder Brötchen noch heiß servieren.

Tipp:

Lässt sich zusätzlich wunderbar mit Basilikum, Oregano und Mozzarella-Stückchen zur Pizzavariante abändern.

Galette

Für 4 Personen

Für die Galettes:
200 g Mehl
3 Eier
450 ml Milch
1 Prise Salz
Öl zum Braten

Für die Soße:
200 g Joghurt (Natur)
Salz, Pfeffer

Für die Füllung:
50 g Reis
1 rote Paprika
Oregano
Gewürzlavendel
Öl zum Braten
150 g Rinderhack
Feldsalat
Lollo Bianco
Salz, Pfeffer

Für die Füllung den Reis in reichlich Salzwasser garen. Die Paprika waschen, putzen und klein schneiden. Oregano und Gewürzlavendel waschen, von Stielen befreien und klein hacken. Öl in einer Pfanne erhitzen und Rinderhack darin anbraten. Paprika und Kräuter dazugeben und alles kurz anschwitzen. Für die Galettes Mehl, Eier, Milch und Salz in einer Schüssel verrühren. Öl in einer Pfanne erhitzen und den Teig zu Pfannkuchen ausbacken. Für die Soße Joghurt mit Salz und Pfeffer abschmecken. Gegarten Reis mit der Fleischmischung vermengen und erneut abschmecken. Salat verlesen, waschen und putzen. Fertige Galettes auf Tellern verteilen, mit Salat und der Fleisch-Reis-Mischung belegen. Die Joghurtsoße mit einem Esslöffel auf dem Belag verteilen, zusammenklappen und heiß servieren.

Gebratener Reis mit Ente

Für 4 Personen

500 g Entenbrust (ohne Knochen)
gekörnte Brühe
200 g Reis
1 Paprika
1 Porree
1 Zwiebel
Ingwer
Petersilie, Fenchelgrün
5 Eier
Salz, Pfeffer
Öl zum Braten

Die Entenbrust unter fließendem Wasser waschen, mit einem Küchenkrepp abtrocknen, salzen und pfeffern.
Öl in einem Topf erhitzen und Ente darin anbraten. Mit Wasser und gekörnter Brühe ablöschen und Ente darin garen. Reis in reichlich Salzwasser garen. Paprika waschen, putzen und in schmale Streifen schneiden. Porree ebenfalls waschen, putzen und in Streifen schneiden. Zwiebel und Ingwer schälen und klein hacken. Petersilie und Fenchelgrün waschen, trocken tupfen und klein hacken. Gegarte Ente aus dem Fond nehmen, abtropfen lassen und in Scheiben schneiden.
Öl in einem Wok erhitzen, Gemüse darin anschwitzen, Ente und Reis dazugeben und vermengen. Mit Kräutern, Salz und Pfeffer abschmecken, aus dem Wok nehmen und beiseite stellen. Eier in einer Schüssel mit Salz und Pfeffer verquirlen, erneut Öl im Wok erhitzen und die Eier darin zu Rührei braten. Mit der Reismischung vermengen und heiß servieren.

Gefüllter Chicoreéwickel

Für 4 Personen

150 g Reis
8 Chicoreéstauden
1 Möhre
1 Paprika
1 kleine Zucchini
1 Zwiebel
1 Knoblauchzehe
Petersilie, Kresse
50 g Mais
1 Ei
Dinkelbrösel (hefefrei)
Salz, Pfeffer
Öl zum Braten
Butter zum Braten

Den Reis in reichlich Salzwasser garen. Chicoreéstauden vom Strunk befreien, Chicoreéblätter verlesen und waschen. Möhre, Paprika und Zucchini waschen, putzen und in kleine Würfelchen schneiden. Zwiebel und Knoblauch schälen und klein hacken. Kräuter waschen, trockentupfen und klein schneiden. Öl in einem Topf erhitzen, Gemüse, Zwiebeln und Knoblauch darin anschwitzen und dünsten. Reis mit gedünstetem Gemüse mischen, Kräuter unterrühren, mit dem Ei und den Semmelnbrösel mischen und zu einer einheitlichen Masse verarbeiten. Mit Salz und Pfeffer abschmecken. Chicoreéblätter zu einem Wickel vorformen, mit der Masse füllen und zusammenbinden. Butter in einer Pfanne erhitzen, zusammengebundenen Wickel darin schwenken und heiß servieren.

Gemüsespätzle

Für 4 Personen

Spätzle siehe Basics (Seite 28)
1 Maiskolben
2 Zucchinis
3 Möhren
1 Paprika
2 Knoblauchzehen
1 Zwiebel
Petersilie, Schnittlauch
Oregano, Thymian
Salz, Pfeffer
Butter zum Anschwitzen

Für die Spätzle alles wie im Kapitel Basics beschrieben zubereiten. Maiskolben waschen, putzen und die Körner auslösen. Zucchinis, Möhren und Paprika waschen, putzen und klein schneiden. Knoblauch und Zwiebel schälen und ebenfalls klein hacken. Kräuter waschen, trocken schütteln und klein schneiden. Butter in einer Pfanne erhitzen und das Gemüse darin anbraten und garen. Spätzle mit in die Pfanne geben und unter ständigem Rühren gleichmäßig mit anschwitzen. Die vorbereiteten Kräuter mit unterrühren und mit Salz und Pfeffer abschmecken. Am besten noch heiß servieren.

Gratinierte Paprika

Für 4 Personen

100 g Reis
1 Zucchini
1 Zwiebel
1 Knoblauch
Oregano, Basilikum
Rosmarin, Thymian
1 Mozzarella
300 g Rinderhack
4 rote Paprika
Salz, Pfeffer
Öl zum Braten und für die Form

Für die Paprikafüllung Reis in reichlich Salzwasser garen. Zucchini waschen, putzen und in kleine Würfelchen schneiden. Zwiebel und Knoblauch schälen und fein hacken. Kräuter waschen, trocken tupfen und klein hacken. Mozzarella klein reiben. Den Backofen auf 200 Grad Ober-/Unterhitze vorheizen. Öl in einer Pfanne erhitzen und Rinderhack, Zucchini, Zwiebel und Knoblauch darin anschwitzen. Mit Kräutern und Gewürzen abschmecken. Paprikas waschen, der Länge nach halbieren und Kerne entfernen. Gegarten Reis mit der Fleischpfanne mischen, erneut abschmecken und die Paprikahälften damit füllen. Mit Mozzarella bestreuen. Etwas Öl in eine ofenfeste Form geben und die Paprikahälften darin im heißen Ofen 20 Minuten überbacken und heiß servieren.

Grünes Hühnercurry mit Reis

Für 4 Personen

Für das Curry:
500 g Kartoffeln (mehlig kochend)
3 Süßkartoffeln
4 Möhren
1 Paprika grün
2 Pastinaken
2 Zwiebeln
2 Knoblauchzehen
500 g Spargel
300 g Hühnerbrust
gekörnte Brühe
Salz, Pfeffer
Öl zum Braten

Für den Reis:
250 g Duftreis
Salz
Petersilie

Den Reis in reichlich Salzwasser garen. Für das Curry Kartoffeln waschen und schälen. Möhren, Paprika und Pastinaken waschen, putzen und mit den Kartoffeln klein schneiden. Paprika beiseite stellen. Zwiebel und Knoblauch schälen und klein hacken. Spargel waschen und die Enden an denen er meist verholzt ist großzügig abschneiden und die guten Teile in kleinere Stücke schneiden. Hühnerbrust waschen und in gulaschgroße Stücke schneiden. Öl in einem Topf erhitzen, Hühnchen darin von allen Seiten darin anbraten, mit Wasser und gekörnter Brühe aufgießen, Gemüse dazugeben und bei schwacher Hitze 20 Minuten köcheln lassen. Paprika pürieren und unterrühren. Mit Salz und Pfeffer abschmecken.
Petersilie waschen, trocken tupfen und klein schneiden. Reis mit der Petersilie und dem Curry anrichten und heiß servieren.

Hamburger

Für 4 Personen

Für den Burger:
300 g Rinderhack
1 Ei
1 EL Crème fraîche
3 EL Maisbrösel
1 Zwiebel
Paprikapulver
Majoran
Salz, Pfeffer
Öl zum Braten

Für das Brötchen:
450 g Dinkelmehl
46 g Maismehl
54 g Maisgrieß
2 1/2 Pck. Backpulver
1 EL Salz

Für den Belag:
Salatblätter
Tomatenersatzsoße
(Basics Seite 28)
Gebratene Zwiebelringe

Den Backofen auf 175 Grad Ober-/Unterhitze vorheizen. Ein Backblech mit Backpapier belegen. Für die Brötchen die Mehlsorten und Gries mit Backpulver, Salz und Wasser zu einem gleichmäßigen Teig verkneten. Teig zu Brötchen formen und im heißen Ofen (Mitte) 20 Minuten backen. Die fertigen Brötchen aus dem Ofen nehmen und auf einem Rost abkühlen lassen. Für die Burger aus Rinderhack, Ei, Crème fraîche und Maisbröseln eine gleichmäßige Masse herstellen. Zwiebel schälen, klein hacken und mit in die Masse einarbeiten. Mit Salz, Pfeffer, Paprikapulver und Majoran abschmecken. Öl in einer Pfanne erhitzen, die Masse zu Burgern formen und darin von beiden Seiten gleichmäßig anbraten. Gebratene Burger auf einem Küchenkrepp abtropfen lassen. Brötchen aufschneiden, Salatblätter auflegen, Soße darauf geben, Burger und Zwiebelringe auflegen und mit der zweiten Brötchenhälfte belegen und sofort heiß servieren.

Hirschragout unter Blätterteighaube

Für 4 Personen

Für den Teig:
300 g Dinkelmehl
180 g Butter
125 g Schmand
½ Pck. Weinsteinbackpulver
1 Prise Salz

Für das Ragout:
750 g Hirsch
1 TL gekörnte Brühe
1 Zucchini
5 Möhren
Rosmarin, Oregano
Salz, Pfeffer
Öl zum Braten und Fetten

Den Backofen auf 180 Grad Ober-/Unterhitze vorheizen. Für das Ragout das Hirschfleisch waschen, trocken tupfen und in gulaschgroße Stücke schneiden. Öl in einer Pfanne erhitzen, Fleisch darin anbraten, mit Wasser und gekörnter Brühe aufgießen und garen. Zucchini und Möhren waschen, putzen, klein schneiden und 10 Minuten vor Ende der Garzeit des Fleisches dazugeben und mit fertig garen. Kräuter waschen, von Stielen befreien und klein hacken. Mit Salz, Pfeffer und Kräuter abschmecken. Für den Teig Mehl, Butter, Schmand, Backpulver und Salz zu einem glatten Teig verarbeiten. Eine Auflaufform fetten, Fleischmasse einfüllen. Teig ausrollen und über die Fleischmasse legen. Im heißen Ofen (Mitte) 40 Minuten backen und anschließend sofort servieren.

Hirseküchlein an Kartoffelgemüse

Für 4 Personen

Für die Küchlein:
200 g Hirse
5 EL Maisgrieß
1 Zwiebel
Petersilie
1 Ei
Salz, Pfeffer
Öl für die Pfanne

Für das Gemüse:
750 g Kartoffeln
8 große Möhren
2 rote Paprika
1 EL gekörnte Brühe
Oregano
Salz, Pfeffer

Für die Küchlein die Hirse in reichlich Wasser 15 Minuten köcheln, Maisgrieß dazugeben, mit Salz verfeinern und noch 30 Minuten quellen lassen. Für das Gemüse Kartoffeln waschen, schälen und klein schneiden. Möhren und Paprika waschen, putzen und ebenfalls klein schneiden. Gekörnte Brühe in reichlich Wasser kochen und darin Kartoffeln und Möhren garen. Kochwasser dabei einkochen lassen. Oregano waschen, trocken tupfen und klein hacken. Kartoffelmischung mit Paprika und Oregano mischen. Mit Salz und Pfeffer abschmecken. Hirse durch ein Sieb abgießen, gut abtropfen lassen. Zwiebel schälen und klein hacken. Petersilie waschen, trocken tupfen und klein schneiden. Hirsegrießmischung mit Zwiebel, Petersilie und Ei zu einem festen Teig kneten. Mit Salz und Pfeffer abschmecken und Küchlein daraus formen. Öl in einer Pfanne erhitzen, Küchlein darin von beiden Seiten vorsichtig anbraten. Auf einem Küchenkrepp abtropfen lassen, mit dem Gemüse anrichten und heiß servieren.

Hühnchen süß-sauer

Für 4 Personen

Für das Hühnchen:
250 g Reis
800 g Hühnerbrustfilet
Salz, Pfeffer
Öl zum Braten

Für die süß-saure Soße:
2 Zucchini
3 große Möhren
1 rote Paprika
1 Zwiebel
1 Knoblauchzehe
Ingwer (frisch)
4 Aprikosen
gekörnte Brühe
200 ml Apfelsaft
Vitamin C Pulver
Maisstärke
Salz, Pfeffer

Den Reis in reichlich Salzwasser garen. Hühnerbrust unter fließendem Wasser waschen, mit einem Küchenkrepp trocknen und mit Salz und Pfeffer einreiben. Zucchini und Möhren waschen, putzen und mit einem Sparschäler der Länge nach schälen. Paprika waschen, putzen und in schmale Streifen schneiden. Zwiebel, Knoblauch und Ingwer schälen und klein hacken. Aprikosen waschen, entsteinen und pürieren. Öl in einem Wok erhitzen, Fleisch darin von beiden Seiten anbraten. Gemüse und Ingwer darin mit anschwitzen, mit etwas Wasser (sodass alles nur dünstet) und gekörnter Brühe aufgießen und alles 10 Minuten köcheln lassen. Apfelsaft und Aprikosenmus verrühren, Vitamin C dazugeben und mit Salz und Pfeffer abschmecken. Soße mit etwas Maisstärke andicken, aufkochen lassen, mit Reis anrichten und heiß servieren.

Jungbullenquerrippe an Rosmarinkartoffeln

Für 4 Personen

Für die Rippe:
800 g Jungbullenquerrippe ohne Knochen
Rosmarin, Salbei
1 EL Rapshonig
Salz, Pfeffer
Öl zum Braten

Für das Gemüse:
1 kg Kartoffeln
500 g Möhren
1 Knoblauchzehe
Rosmarin
1 EL gekörnte Brühe
etwas Johannisbrotkernmehl zum Binden

Den Backofen auf 200 Grad Ober-/Unterhitze vorheizen. Für die Querrippe das Fleisch unter fließendem Wasser waschen und trockentupfen. Rosmarin und Salbei waschen, von den Stielen befreien und klein hacken. In einer kleinen Schüssel Honig, Salz, Pfeffer und Kräuter verrühren. Eine Seite des Fleisches mit der Mischung bestreichen und die andere Seite nur salzen und pfeffern. Öl in einer Ofenpfanne erhitzen und das Fleisch nur auf der Salz-Pfeffer-Seite anbraten. Im heißen Ofen (Unten) 30 Minuten garen, dann den Ofen auf Grill umstellen und weitere 10 Minuten garen. Für das Gemüse Kartoffeln waschen, schälen und in wunschgemäße Stücke schneiden. Möhren waschen, putzen und ebenfalls in die entsprechende Größe schneiden. Knoblauch schälen und klein hacken. Rosmarin waschen, von Stielen befreien, klein hacken und mit Kartoffeln, Möhren, Knoblauch und gekörnter Brühe in so viel Wasser, bis alles bedeckt ist, garen und die Flüssigkeit einkochen lassen. Mit etwas Johannisbrotkernmehl eindicken. Auf Tellern anrichten und heiß servieren.

Karamelisierter Möhren-Lauch-Quiche

Für 4 Personen

Für den Teig:
125 g Dinkelmehl
60 g Butter
½ TL Salz
2 EL kaltes Wasser

Für den Belag:
1 Lauch
1 große Möhre
20 g Butter
Schnittlauch, Petersilie
2 Eier
200 ml Sahne
200 ml Schmand
Paprikapulver (edelsüß)
1 EL Zucker
Salz, Pfeffer,
Fett für die Form

Für den Teig Mehl, Butter, Salz und Wasser zu einem glatten Teig verkneten und zugedeckt 20 Minuten ruhen lassen. Den Backofen auf 200 Grad Ober-/Unterhitze vorheizen. Für den Belag Lauch waschen, putzen und in dünne Ringe schneiden. Möhre waschen, putzen und der Länge nach in dünne Streifen schneiden. Butter in einer Pfanne erhitzen und Gemüse darin dünsten. Kräuter waschen, trocken tupfen und klein hacken. Eier, Sahne, Schmand und Kräuter verrühren und mit den Gewürzen abschmecken. Eine Quicheform fetten, mit Teig auslegen und einen Rand formen. Mit einer Gabel in den Teigboden mehrmals einstechen. Gemüse darauf verteilen und mit der Sahnesoße übergießen. Quiche im heißen Ofen (Mitte) etwa 35 Minuten backen. Mit Zucker gleichmäßig bestreuen und weitere 5 Minuten backen bis er karamellisiert ist und anschließend heiß servieren.

Kartoffelecken mit Gurkenrelish

Für 4 Personen

Für die Kartoffelecken:
500 g Kartoffeln
Petersilie
100 g Frischkäse
2 EL Maisgrieß
Dinkelbrösel
Salz, Pfeffer
Öl zum Braten

Für das Relish:
1 Salatgurke
1 Zwiebel
1 EL Ahornsirup
1 EL Honig
Salz, Zucker

Für die Kartoffelecken Kartoffeln in Salzwasser garen, leicht abkühlen lassen, pellen und durch die Kartoffelpresse drücken. Petersilie waschen, trocken tupfen, von Stielen befreien und klein schneiden. Abgekühltes Kartoffelmus mit Petersilie, Frischkäse und Maisgrieß zu einer festen Masse kneten und mit Salz und Pfeffer abschmecken. Aus der Masse Ecken oder ähnliches formen und in Dinkelbrösel wenden. Für das Relish Gurke waschen, putzen und in kleine, feine Würfelchen schneiden. Zwiebeln schälen und klein hacken. Ahornsirup, Honig, Salatgurke und Zwiebeln in einer Schüssel mischen. Mit Salz und Zucker abschmecken. Öl in einer Pfanne erhitzen, die Kartoffelecken darin von beiden Seiten gleichmäßig ausbacken, mit Relish anrichten und heiß servieren.

Käsetarte

Für 4 Personen

Für den Teig:
250 g Dinkelmehl
125 g Butter
1 TL Salz
Pfeffer
4 EL Eiswasser
schwarzer Sesam
Butter zum Fetten

Für den Belag:
1 Möhre
Petersilie, Oregano
Schnittlauch
100 ml Sahne
3 Eier
200 g Mozzarella
500 g Quark
125 g Frischkäse
4 EL Maisgrieß
Salz, Pfeffer

Den Backofen auf 180 Grad Ober-/Unterhitze vorheizen. Für den Teig Mehl, Butter, Salz, Pfeffer und Wasser zu einem glatten Teig verkneten. Im Kühlschrank 30 Minuten ruhen lassen. Karotten waschen, putzen und fein reiben. Kräuter waschen, trockentupfen und klein hacken. Für den Belag Sahne mit Eiern in einer Schüssel verrühren. Mozzarella klein reiben und dazugeben. Quark mit Frischkäse, Grieß, Kräutern und geriebener Karotte zu einer gleichmäßigen Masse verrühren und mit Salz und Pfeffer abschmecken. Gekühlten Teig aus dem Kühlschrank nehmen. Eine Tarteform fetten und mit Teig auslegen. Einen dickeren Rand formen und diesen mit Sesam bestreuen und festdrücken. Die Quarkmasse einfüllen und im heißen Ofen (Mitte) 40 Minuten backen und noch heiß servieren. Dazu reicht man am besten einen Salat.

Kürbis Pancakes

Für 4 Personen

Für die Pancakes:
200 g Hokkaidokürbis
200 g Dinkelmehl
3 Eier
300 ml Milch
1 Pck. Weinsteinbackpulver
Salz, Pfeffer
Öl zum Braten

Für das Apfelmus:
750 g Äpfel
3 EL Zucker
3 Zweige Oregano

Für das Apfelmus Äpfel waschen, schälen, Kernhaus entfernen und klein schneiden. Äpfel und Zucker in einem Topf leicht köcheln lassen bis die gewünschte Muskonsistenz erreicht ist. Oregano waschen von den Stielen zupfen und kleingeschnitten unterrühren. Für die Pancakes Kürbis waschen, klein schneiden und 20 Minuten in leichtem Salzwasser garen. Anschließend Kürbis pürieren. Mit Mehl, Eier, Milch und Backpulver zu einem glatten Teig verrühren. Mit Salz und Pfeffer abschmecken. Öl in einer Pfanne erhitzen und in kleiner Menge (Esslöffelweise, wer kleine Pfannkuchen möchte) den Teig zum Pfannkuchen ausbacken. Pancakes mit Apfelmus anrichten und heiß servieren.

Kürbisgulasch

Für 4 Personen

1 Hokkaidokürbis
750 g Kartoffeln (sämig kochend)
2 Knoblauchzehen
1 Zwiebel
1 EL Butter
1 EL gekörnte Brühe
Petersilie
Paprikapulver (edelsüß)
Salz, Pfeffer

Für das Gulasch Kürbis und Kartoffeln waschen. Kartoffeln schälen und in gulaschgroße Stücke schneiden. Kürbis waschen, evtl. unsaubere Stellen wegschneiden und ebenso in gulaschgroße Stücke schneiden. Knoblauch und Zwiebel schälen und klein hacken. Butter in einem großen Topf schmelzen. Kürbis, Kartoffeln, Zwiebeln und Knoblauch darin anschwitzen, gekörnte Brühe dazugeben und mit Wasser aufgießen. Alles 15 Minuten zugedeckt köcheln lassen. Nach Ende der Garzeit ohne Deckel 10 Minuten weiter köcheln lassen, sodass sich die Soße etwas eindickt. Petersilie waschen, trockentupfen, von Stielen befreien, klein hacken und unter das Gulasch rühren. Mit Salz, Pfeffer und Paprikapulver abschmecken und heiß servieren.

Lamm mit Kräuterkruste

1 kleine rote Paprika
2 Frühlingszwiebeln
2 Knoblauchzehen
Rosmarin, Oregano
Majoran, Salbei
Borretsch, Petersilie
1 EL Butter
2 EL Dinkelbrösel
4 Lammsteaks
Salz, Pfeffer
Öl zum Braten

Den Backofen auf 200 Grad Ober-/Unterhitze vorheizen. Paprika waschen, putzen und in ganz feine, kleine Würfelchen schneiden. Frühlingszwiebel und Knoblauch schälen und klein hacken. Kräuter waschen, trocken tupfen, von Stielen befreien und klein hacken. Butter in einer Schüssel schmelzen, mit Brösel, Zwiebel, Knoblauch und Paprika vermengen. Die klein gehackten Kräuter unterrühren und mit Salz und Pfeffer abschmecken. Fleisch unter fließendem Wasser waschen, mit einem Küchenkrepp trocknen und eine Seite des Lammsteaks mit der Kräutermischung besteichen. Eine Ofenpfanne mit Öl bestreichen. Die Lammsteaks nebeneinander in die Pfanne legen und im heißen Ofen (Mitte) etwa 10 Minuten garen. Die fertigen Steaks aus dem Ofen nehmen und heiß servieren.

Mehlbeutel

Für 4 Personen

Für den Mehlbeutel:
400 g Dinkelmehl
250 g Quark
2 Eier
4 EL Öl
Salz
1 Pck. Weinsteinbackpulver
etwa Mehl für das Tuch

Für die Vanillesoße:
siehe Rezept im Kapitel Basics Seite 29

Für den Mehlbeutel Dinkelmehl, Quark, Eier, Öl, 1 Prise Salz und Weinsteinbackpulver in einer Schüssel zu einem glatten Teig kneten. Den Teig zu einem großen Knödel formen. Ein Leinentuch bemehlen und den Teigknödel mittig darauf legen. Mit den Tuchecken locker zu einem Säckchen zusammenbinden, sodass der Teigknödel darin noch Platz zum Aufgehen hat. Einen Topf mit viel Salzwasser zum Kochen bringen. Durch den Tuchknoten einen Holzkochlöffel stecken und damit den Mehlbeutel ins kochende Wasser hängen. Eine Stunde im Salzwasser köcheln lassen. Für die Vanillesoße alles wie im Kapitel Basics beschrieben zubereiten. Mithilfe des Kochlöffels den aufgegangenen Mehlbeutel aus dem kochendem Wasser holen und 10 Minuten stehen lassen. Anschließend den Knoten lösen und den Teigknödel vorsichtig entnehmen. In wunschgemäße Scheiben schneiden, mit Vanillesoße anrichten und noch heiß servieren.

Pappardelle mit Brösel

Für 4 Personen

Für die Pappardelle:
siehe Nudelrezept im Kapitel Basics (Seite 24)

Für die Soße:
1 Knoblauchzehe
Ruccola
3 EL Butter
4 EL Dinkelbrösel
Salz, Pfeffer

Für die Pappardelle den Nudelteig wie im Kapitel Basics beschrieben zubereiten, dünn ausrollen und mit einem Wellenrollmesser in breite Streifen schneiden. Anschließend Nudeln in reichlich kochendem Salzwasser etwa 6 Minuten garen. Für die Soße Knoblauch schälen und klein hacken. Ruccola waschen, putzen und klein schneiden. Butter in einem Topf zerlassen und Knoblauch kurz darin anschwitzen. Brösel unterrühren und mit Salz und Pfeffer abschmecken. Ruccola vorsichtig unter die Bröselmischung heben. Nudelwasser abgießen und Pappardelle zusammen mit der Bröselmischung anrichten und noch heiß servieren.

Paprika-Kartoffel-Kuchen vom Blech

Für 4 Personen

10 Kartoffeln
2 rote Paprika
8 Eier
200 ml Sahne
1 Mozzarella
Rosmarin, Oregano
Petersilie, Schnittlauch
Salz, Pfeffer
Öl zum Fetten

Für den Kuchen die Kartoffeln in reichlich Salzwasser kochen. Den Backofen auf 200 Grad Ober-/Unterhitze vorheizen. Wasser abgießen und Kartoffeln leicht abkühlen lassen und pellen. Paprika waschen, putzen, in schmale Streifen schneiden. Eier mit Sahne in einer Schüssel verquirlen. Mozzarella in ganz feine Würfelchen schneiden und unterrühren. Kräuter waschen, trockentupfen, klein hacken und dazugeben. Mit Salz und Pfeffer abschmecken. Ein Backblech mit Öl einfetten. Kartoffeln in dünne Scheiben schneiden und darauf gleichmäßig mit den Paprikastreifen verteilen. Eiersoße darübergießen und alles im heißen Backofen so lange backen bis die Masse gestockt und goldbraun gebacken ist. Sofort heiß servieren.

Tipp:

Am besten schmecken Knödel (Rezept siehe Basics Seite 25/27) dazu.

Paprikaroulade

Für 4 Personen

Für die Rouladen:
4 Putenschnitzel
Salz, Pfeffer
Öl zum Braten

Für die Füllung:
2 Frühlingszwiebeln
1 Knoblauchzehe
Oregano, Thymian
1 rote Paprika
2 EL Ricotta
1 EL gehackte Mandeln
Salz, Pfeffer
Paprikapulver (edelsüß)
Maisstärke zum Andicken

Für die Rouladen Fleisch waschen und mit einem Küchenkrepp abtrocknen. Fleisch mit Frischhaltefolie belegen und mit einem Fleischklopfer dünn ausklopfen. Leicht salzen und pfeffern.
Frühlingszwiebel und Knoblauch schälen und fein schneiden. Kräuter waschen, trocken tupfen und klein hacken. Paprika waschen, putzen und in kleine Würfelchen schneiden. Ricotta, Mandeln, Zwiebeln, Knoblauch, Kräuter und die Hälfte der Paprikawürfel verrühren. Mit Salz und Pfeffer abschmecken und gleichmäßig auf die Rouladen streichen. Fleisch vorsichtig aufwickeln und mit einer Rouladenklammer befestigen. Öl in einer Pfanne heiß machen und die Rouladen darin von allen Seiten gleichmäßig anbraten. Mit Wasser ablöschen. Restliche Paprikawürfel und Paprikapulver dazugeben und mit Maisstärke andicken. Soße nochmals abschmecken, ggf. nachwürzen und etwa 10 Minuten köcheln lassen. Rouladenklammer entfernen und Rouladen noch heiß servieren.

Pizza Paprika-Käse

Für 4 Personen

Für den Teig:
siehe Pizzateig im Kapitel Basics (Seite 25)

Für den Belag:
Tomatenersatzsoße (Basics Seite 28)
Basilikum, Oregano
Schnittlauch, Petersilie
Thymian, Majoran
Borretsch, Rosmarin
1 Zwiebel
2 rote Paprika
3 Mozzarella
Salz, Pfeffer

Den Backofen auf 200 Grad Ober-/Unterhitze vorheizen. Für den Teig alles wie im Kapitel Basics beschrieben zubereiten. Ein Backblech oder Pizzaformen mit Backpapier belegen und mit Teig ausfüllen. Für den Belag die Tomatenersatzsoße wie im Kapitel Basics beschrieben zubereiten und auf den vorbereiteten Pizzas verteilen. Kräuter waschen, trocken tupfen, von Stielen befreien, klein hacken und auf der Tomatenersatzsoße verteilen. Zwiebel schälen und in dünne Ringe schneiden. Paprika waschen, putzen und in dünne Streifen schneiden. Etwas Mozzarella auf die Kräutersoße reiben, etwas salzen und pfeffern und mit Zwiebeln und Paprikastreifen belegen. Restlichen Mozzarella darüber verteilen und im heißen Ofen (Mitte) etwa 15 Minuten goldbraun backen. Am besten noch heiß servieren.

Für 4 Personen

Für den Ravioliteig:
siehe Nudelteigrezept im Kapitel Basics (Seite 24)

Für die Soße:
2 Kartoffeln
1 große Möhre
1 kleine rote Paprika
2 Lauchzwiebeln
1 Knoblauchzehe
1 TL gekörnte Brühe
Salz, Pfeffer
evtl. Maisstärke zum Binden

Für die Füllung:
4 Frühlingszwiebeln
1 kleine Möhre
1 kleine rote Paprika
Petersilie, Schnittlauch
Oregano, Thymian
200 g Ricotta
Salz, Pfeffer

Ravioli mit Käsefüllung

Für die Ravioli den Nudelteig wie im Kapitel Basics beschrieben zubereiten. Für die Füllung Frühlingszwiebeln putzen und klein schneiden. Möhre und Paprika waschen, putzen und klein hacken. Kräuter waschen, trocken tupfen, von Stielen befreien und klein schneiden. Gemüse und Kräuter mit Ricotta verrühren. Mit Salz und Pfeffer abschmecken. Für die Soße Kartoffel schälen und klein schneiden. Möhre und Paprika waschen, Lauchzwiebel und Knoblauch putzen und alles klein schneiden. Möhre, Knoblauch und Kartoffeln in 500 ml Wasser mit der gekörnten Brühe garen. Am Ende der Garzeit mit pürierten Paprika und Lauchzwiebeln dazugeben, unterrühren und mit Salz und Pfeffer abschmecken, evtl. mit Maisstärke binden. Nudelteig dünn ausrollen, Kreise ausstechen und mit der Ricottamasse kirschgroß belegen, zusammenklappen und mit einer Gabel am Rand andrücken. Einen großen Topf mit reichlich Salzwasser zum Kochen bringen und Ravioli 8 Minuten darin garen, mit Soße anrichten und heiß servieren.

Roastbeaf an grünem Spargel

Für 4 Personen

Für den Spargel:
750 g grüner Spargel
1 EL Salz

Für das Roastbeaf:
4 Rindersteaks
2 EL Öl
Salz, Pfeffer

Für die Remoulade:
Petersilie, Schnittlauch
2 EL Crème fraîche
1 EL Öl
1 Msp. Vitamin C Pulver
Salz, Pfeffer

Für den Spargel 1,5 l Wasser mit Salz zum Kochen bringen. Grünen Spargel waschen, die Enden, an denen er meist holzig ist, großzügig abschneiden und im Salzwasser nach Belieben weich garen. Für das Roastbeaf Fleisch gründlich waschen und mit Küchenkrepp trocken tupfen. Öl in einer Pfanne erhitzen und von allen Seiten etwa 8 Minuten anbraten. Auf einem Küchenkrepp abtropfen lassen. In hauchdünne Scheiben schneiden und diese leicht salzen und pfeffern. Fertigen Spargel aus dem Sud nehmen und abtropfen lassen. Für die Remoulade Kräuter waschen, trockentupfen und klein hacken.
Crème fraîche, Öl, Kräuter und Vitamin C Pulver verrühren. Mit Salz und Pfeffer abschmecken. Pro Portion den Spargel in Roastbeaf einwickeln, mit Remoulade anrichten und noch heiß servieren.

Sauerbraten

Für 4 Personen

1–2 kg Rindfleisch
1 l Johannisbeersaft
1 Lorbeerblatt
4 Wacholderbeeren
Pfefferkörner
2 Zwiebeln
Salz, Pfeffer
Öl zum Braten

Für den Braten Rindfleisch waschen und mit einem Küchenkrepp abtrocknen. Von Haut und überschüssigem Fett und Sehnen säubern. In einer Vakuumierschüssel Johannisbeersaft, Lorbeerblatt, Wacholderbeeren und Pfefferkörner mischen. Zwiebeln schälen, klein hacken und in den Sud rühren. Fleisch im Sud eine halbe Stunde unter Vakuum marinieren. Nach dem Marinieren Fleisch aus dem Sud nehmen, mit Küchenkrepp trockentupfen, mit Salz und Pfeffer einreiben. Öl in einem Bräter erhitzen und das Fleisch von allen Seiten gleichmäßig anbraten und mit dem Sud ablöschen. Zugedeckt im Bräter etwa 2 Stunden schmoren lassen. Ab und zu umrühren und das Fleisch wenden. Falls zu viel Flüssigkeit verkocht ist mit Wasser und Johannisbeersaft nachfüllen. Fertigen Braten aus dem Kochsud nehmen. Den Kochsud durch ein Sieb passieren und den auffangen. Sauerbraten in Scheiben schneiden, mit Kochsud übergießen und sofort servieren.

Tipp:

Als Beilage empfehlen sich Spätzle (Rezept im Kapitel Basics Seite 28).

Zwiebelkuchen

Für 4 Personen

Für den Teig:
125 g Quark
300 g Dinkelmehl
120 g Butter
1 TL Salz
4 EL kaltes Wasser

Für den Belag:
Petersilie
200 g Schmand
1 EL Öl
Kümmel
Salz, Pfeffer
Paprika (edelsüß)
10 Zwiebeln

Den Backofen auf 175 Grad Ober-/Unterhitze vorheizen. Ein Backblech mit Backpapier belegen oder fetten. Für den Teig Quark, Mehl, Butter, Salz und Wasser zu einem glatten Teig verkneten. Den Teig auf dem Backblech ausrollen und einen kleinen Rand formen. Für den Belag Petersilie waschen, trockentupfen und klein hacken. Schmand mit dem Öl und den Kräutern sowie den Gewürzen verrühren, abschmecken und auf den Teig streichen. Die Zwiebeln schälen und mithilfe eines Gurkenhobels in gleichmäßig, dünne Streifen hobeln. Diese gleichmäßig auf der Schmandcreme verteilen. Den Zwiebelkuchen im heißen Ofen (Mitte) etwa 30 Minuten backen und noch heiß servieren.

Suppen & Eintöpfe

Bataten-Ingwer-Suppe

Für 4 Personen

500 g Bataten
300 g Möhren
1 TL gekörnte Brühe
Schnittlauch
Ingwer
200 g Crème fraîche
Salz, Pfeffer

Für die Suppe Bataten schälen, waschen und klein schneiden. Möhren gründlich unter fließendem Wasser mit einer Gemüsebürste abschrubben und ebenfalls klein schneiden. Möhren mit Bataten in einen großen Topf mit Wasser und Brühe 20 Minuten auf mittlerer Hitze kochen lassen. Schnittlauch waschen, trocken schütteln und klein hacken. Ingwer schälen, klein schneiden und in den Topf geben. Alles mit einem Pürierstab fein pürieren. Einen Esslöffel Crème fraîche dazugeben und mit Salz und Pfeffer abschmecken. Suppe in die vorbereiteten Teller gießen, mit Crème fraîche und Schnittlauch anrichten und noch heiß servieren.

Chinesische Hühnersuppe

Für 4 Personen

200 g Reismehl
4 Eigelb
Salz, Pfeffer
200 g Hühnerbrust
1 Möhre
1 Chiccorée
4 Frühlingszwiebeln
Öl zum Braten
gekörnte Brühe (hefefrei)

Für die Reisnudeln Reismehl, Eigelb, 1 EL Wasser und etwas Salz in einer Schüssel zu einem glatten Teig verkneten (wird der Teig zu klebrig dann noch etwas Mehl zugeben, wird der Teig zu fest noch etwas Wasser zugeben), dünn ausrollen und in dünne Streifen schneiden. Hühnerbrust unter fließendem Wasser waschen, mit einem Küchenkrepp trocken tupfen und in kleine Stückchen schneiden. Möhre unter fließendem Wasser gründlich mit einer Gemüsebürste abschrubben, mit einem scharfen Messer mehrmals der Länge nach einschneiden und mit einem Sparschäler dann die dünnen Streifen abnehmen. Chiccoreé verlesen, den Strunk entfernen und in schmale Streifen schneiden. Zwiebeln putzen und ebenfalls klein schneiden. Öl in einem Topf erhitzen, Fleisch darin kurz anbraten, mit gekörnter Brühe und reichlich Wasser aufgießen und die Reisnudeln, Möhren und Zwiebeln dazugeben. Alles kurz köcheln lassen. Kurz vor dem servieren Chiccorée in die Suppe geben, in Schüsseln anrichten und sofort servieren.

Fleischklößchensuppe

Für 4 Personen

Für die Fleischklößchen:
100 g Reis
250 g Putenfleisch
1 Knoblauchzehe
Petersilie
1 Ei
Dinkelbrösel
Salz, Pfeffer

Für die Suppe:
2 Möhren
4 Lauchzwiebeln
gekörnte Brühe (hefefrei)

Für die Fleischklößchen Reis in reichlich Salzwasser garen. Putenfleisch gründlich waschen, mit Küchenkrepp abtrocknen und mit einer Küchenmaschine zerkleinern. Knoblauch schälen und klein hacken. Petersilie waschen, trocken schütteln und klein schneiden. Reis in einer Schüssel mit Fleisch, Ei und Brösel zu einem kompakten Teig kneten. Knoblauch und Kräuter einarbeiten und mit Salz und Pfeffer abschmecken. Für die Suppe Möhren unter fließendem Wasser mit einer Gemüsebürste gründlich abschrubben und der Länge nach in dünne Streifen schneiden. Lauchzwiebeln putzen und in Streifen schneiden. Gemüse mit gekörnter Brühe und reichlich Wasser in einem Topf aufkochen. Aus der Fleischmasse mit den Händen kleine Klößchen formen und in die kochende Suppe geben. Etwa 20 Minuten auf kleiner Hitze köcheln lassen. Noch heiß servieren.

Französische Zwiebelsuppe

Für 4 Personen

4 Scheiben Weißbrot (Rezept siehe Basics Seite 29)
4 Zwiebeln
1 EL Mehl
50 g Ghee
gekörnte Brühe (hefefrei)
1 Mozzarella
Salz, Pfeffer
Butter zum Braten

Den Backofen auf 200 Grad Ober-/Unterhitze vorheizen. Für die Suppe Weißbrot wie im Kapitel Basics beschrieben zubereiten, auskühlen lassen und in Scheiben schneiden.
Zwiebeln schälen und mithilfe eines Gurkenhobels in dünne Ringe hobeln. Ein paar Zwiebelringe zum Anrichten zur Seite stellen. Die restlichen Zwiebelringe in Mehl wenden. Ghee in einem Topf erhitzen, Zwiebelringe darin schwenken, mit Brühe und Wasser aufgießen. Alles kurz köcheln lassen.
Butter in einer kleinen Pfanne erhitzen und die zur Seite gestellten Zwiebelringe darin anbraten. Aus der Pfanne nehmen und auf einen Küchenkrepp abtropfen lassen.
Mozzarella in dünne Scheiben schneiden und auf die vorbereiteten Brotscheiben legen.
Zwiebelsuppe in ofenfeste Tassen füllen, in jede Tasse eine Scheibe mit Mozzarellabrot legen und kurz überbacken. Aus dem heißen Ofen nehmen und leicht salzen und pfeffern. Mit den gebratenen Zwiebelringen anrichten und sofort heiß servieren.

Frühlingssuppe

Für 4 Personen

2 Möhren
300 g Spargel
1 kleine Sellerieknolle
4 Lauchzwiebeln
gekörnte Brühe (hefefrei)
2 EL Kresse
Salz, Pfeffer
Butter zum Braten

Für die Suppe Möhren unter fließendem Wasser gründlich mit einer Gemüsebürste abschrubben, der Länge nach halbieren und in dünne Scheiben schneiden. Spargel gut waschen und die Enden an denen er meist holzig ist, großzügig abschneiden. Spargel in der Länge halbieren. Sellerie schälen und in kleine, dünne Scheiben schneiden. Frühlingszwiebel schälen und klein schneiden. In einem großen Topf Butter schmelzen lassen, Gemüse darin anschwitzen und mit reichlich Wasser mit Brühe aufgießen. Alles bei mittlerer Hitze 20 Minuten köcheln lassen. Die fertige Suppe mit Salz und Pfeffer abschmecken. Auf den Tellern anrichten, mit Kresse garnieren und noch heiß servieren.

Gemüse-Creme-Suppe

Für 4 Personen

1 Zwiebel
6 Kartoffeln
1 Bund Suppengemüse
1 kleine Zucchini
150 g Frischkäse
Liebstöckelblätter
Salz, Pfeffer
Butter zum Anschwitzen

Für die Suppe Zwiebel schälen und grob zerkleinern. Kartoffeln schälen, waschen und klein schneiden. Suppengemüse waschen, schälen, putzen und ebenfalls klein schneiden. Zucchini waschen, putzen und grob zerkleinern.

Butter in einem großen Topf erhitzen, Gemüse darin kurz anschwitzen und mit reichlich Wasser aufgießen. Auf mittlerer Hitze 20 Minuten köcheln lassen. Suppe vom heißen Herd nehmen, Frischkäse unterrühren und mit einem Pürierstab alles zu einer Cremesuppe pürieren. Mit Salz und Pfeffer abschmecken.

Liebstöckel unter fließendem Wasser gründlich waschen, trocken schütteln und klein schneiden. In die Suppe einrühren, auf Tellern oder Schüsseln anrichten und noch heiß servieren.

Grießklößchensuppe

Für 4 Personen

Für die Suppe:
500 g Kalbfleisch
gekörnte Brühe (hefefrei)
4 Frühlingszwiebeln
2 Möhren
Petersilie
Salz, Pfeffer
Öl zum Braten

Für die Grießklößchen:
1 EL weiche Butter
1 Ei
38 g Dinkelgrieß
Salz

Für die Suppe Kalbfleisch unter fließendem Wasser gründlich waschen, mit einem Küchenkrepp trocken tupfen, klein schneiden und salzen und pfeffern.
Öl in einem großen Topf erhitzen und Fleisch darin von allen Seiten kurz anbraten. Mit Brühe und reichlich Wasser aufgießen.
Frühlingszwiebeln putzen, und klein schneiden. Möhren unter fließendem Wasser gründlich schrubben und in dünne Scheiben schneiden. Zwiebeln und Möhren mit in die Brühe geben. Alles auf mittlerer Hitze garen.
Für die Klößchen weiche Butter in einer Schüssel mit Ei, Dinkelgrieß und Salz zu einer gleichmäßigen Masse verrühren. Mithilfe eines Teelöffels kleine Klößchen aus der Masse ausstechen und in die leicht köchelnde Brühe geben. Darin 20 Minuten ziehen, nicht mehr kochen lassen.
Petersilie waschen, trocken schütteln, klein schneiden und beim Anrichten in die Suppe geben. Am besten noch heiß servieren.

Gulasch im Brottopf

Für 4 Personen

Für das Gulasch:
500 g Rindfleisch
Paprikapulver
1 EL gekörnte Brühe
3 Möhren
2 Pastinaken
2 rote Paprika
200 g Pute
Rosmarin
Salz, Pfeffer
evtl. Johannisbrotkernmehl zum Binden
Öl zum Braten

Für den Brottopf siehe Brotrezept im Kapitel Basics (Seite 29)

Für den Brottopf Teig wie im Kapitel Basics beschrieben zubereiten, in 4 kleine Brote formen und im vorgeheizten Backofen (Mitte) bei 175 Grad Ober-/Unterhitze 30 Minuten backen. Brote aus dem Ofen nehmen und auf einem Küchengitter abkühlen lassen. Für das Gulasch Rindfleisch gründlich abwaschen, mit Küchenkrepp trocknen und in gulaschgroße Stücke schneiden. Fleisch salzen und pfeffern. Öl in einem Bräter erhitzen, Fleisch darin von allen Seiten gleichmäßig anbraten, mit Paprikapulver kräftig würzen und mit gekörnter Brühe und Wasser ablöschen. Fleisch darin etwa 2 Stunden garen. Gemüse waschen, putzen und klein schneiden. Pute waschen, mit Küchenkrepp trocknen, klein schneiden und würzen und 20 Minuten vor Ende der Garzeit mit dem Gemüse zu dem Fleisch geben und alles fertig garen. Rosmarin waschen, trocken schütteln, klein schneiden und in das Gulasch geben. Erneut abschmecken und evtl. mit Stärke binden. Von den abgekühlten Broten den Deckel abschneiden, Teig im Inneren etwas zusammendrücken, Gulasch einfüllen und sofort servieren.

Kürbisrahmsuppe

Für 4 Personen

1 Hokkaidokürbis
2 große Kartoffeln
1 Möhre
gekörnte Brühe (hefefrei)
200 ml Sahne
Kresse
Salz, Pfeffer

Für die Suppe Kürbis unter fließendem Wasser gründlich waschen, putzen und klein schneiden. Kartoffeln schälen und ebenfalls klein schneiden. Möhre unter fließendem Wasser mit einer Gemüsebürste gründlich abschrubben und grob zerkleinern. Gemüse in einem großen Topf mit reichlich Wasser und gekörnter Brühe 20 Minuten kochen lassen. Mit der Sahne verfeinern und mit dem Pürierstab zu einer cremigen Rahmsuppe pürieren.
Die Rahmsuppe nun mit Salz und Pfeffer abschmecken, mit klein gehackter Kresse garnieren und noch heiß servieren.

Leichter Eintopf

Für 4 Personen

500 g Rindersuppenfleisch
1 Bund Suppengemüse
1 EL gekörnte Brühe
Kresse
Salz, Pfeffer
Öl zum Braten

Für die Suppe Fleisch unter fließendem Wasser gründlich waschen, mit einem Küchenkrepp abtrocknen und salzen und pfeffern. Suppengemüse gründlich waschen, putzen und klein schneiden.
Öl in einem Topf erhitzen, das Fleisch von allen Seiten kurz anbraten und das Suppengemüse dazugeben.
Mit Wasser und gekörnter Brühe aufgießen. Fleisch mit Gemüse darin gar kochen.
Fleisch aus der Brühe nehmen, gut abtropfen lassen und anschließend in kleine Stückchen schneiden. Wieder in die Brühe zurückgeben und alles mit Salz und Pfeffer abschmecken. Mit frisch geschnittener Kresse anrichten und noch heiß servieren.

Maultaschensuppe

Für 4 Personen

Für den Teig:
200 g Dinkelmehl
2 Eier
1 EL Rapsöl
1 kleinen TL Salz
Mehl für die Arbeitsfläche

Für die Suppe:
2 Möhren
4 Lauchzwiebeln
Schnittlauch, Petersilie
gekörnte Brühe (hefefrei)

Für die Füllung:
250 g Rinderhack
1 EL Frischkäse
Petersilie, Schnittlauch
Salz, Pfeffer
Eigelb zum Bestreichen
Öl zum Braten

Für die Maultaschen Mehl mit Eiern, Öl und Salz in einer Schüssel zu einem glatten Teig kneten. Anschließend auf einer bemehlten Arbeitsfläche dünn ausrollen und mit einem Rollmesser kleine Rechtecke ausschneiden. Für die Füllung Öl in einer Pfanne erhitzen und das Hackfleisch darin anbraten. Aus der Pfanne nehmen und in einer Schüssel mit Frischkäse verrühren. Kräuter waschen, trocken schütteln, klein hacken und unterrühren. Mit Salz und Pfeffer abschmecken und damit die Teigplatten belegen. Ränder mit dem Eigelb bestreichen und zusammenlegen. Ränder mit einer Gabel festdrücken. Für die Suppe Möhren gründlich unter fließendem Wasser mit einer Gemüsebürste abschrubben und in dünne Scheiben schneiden. Frühlingszwiebeln waschen, putzen und klein schneiden. Petersilie und Schnittlauch waschen und klein schneiden. Wasser mit gek. Brühe, Zwiebeln, Möhren und dem Großteil der Kräuter kochen. Maultaschen vorsichtig in die kochende Brühe geben und 6 bis 8 Minuten ziehen lassen. Restliche Kräuter zum Anrichten über die Suppe streuen. Noch heiß servieren.

Möhreneintopf

Für 4 Personen

6 Kartoffeln
8 Möhren
1 Zwiebel
1 Knoblauchzehe
gekörnte Brühe (hefefrei)
Liebstöckelblätter
Salz
Butter zum Anschwitzen

Für den Eintopf Kartoffeln schälen, waschen und in kleine Würfelchen schneiden. Möhren unter fließendem Wasser mit einer Gemüsebürste gründlich abschrubben und ebenfalls in kleine Würfelchen schneiden. Zwiebel und Knoblauch schälen und klein hacken. In einem großen Topf Butter erhitzen und Zwiebeln, Knoblauch, Kartoffeln und Möhren darin anschwitzen. Alles etwas salzen und mit reichlich Wasser und der gekörnten Brühe ablöschen. 20 Minuten garen. Liebstöckel waschen, trocken schütteln und klein hacken. Eintopf in die vorbereiteten Schüsseln füllen, mit dem gehackten Liebstöckel bestreuen und noch heiß servieren.

Ochsenschwanzsuppe mit Polentanocken

Für 4 Personen

Für die Suppe:
700 g Ochsenschwanz
gekörnte Brühe (hefefrei)
1 Pastinake
1 große Möhre
Petersilie
Salz, Pfeffer
Öl zum Braten

Für die Nocken:
1 EL Butter
1 Ei
80 g Polenta
1 Pr. Salz

Für die Suppe den Ochsenschwanz unter fließendem Wasser waschen, mit Küchenkrepp trocken tupfen und leicht salzen und pfeffern. Öl in einem Topf erhitzen und das Fleisch darin kurz anbraten. Mit ausreichend Wasser und gekörnte Brühe ablöschen und Fleisch darin 2 Stunden garen. Gemüse gründlich waschen, putzen und in kleine Scheiben schneiden. Mit in die Suppe geben und eine weitere halbe Stunde köcheln lassen. Ochsenschwanz aus der Brühe nehmen, abtropfen lassen und Fleisch auslösen. Das Fleisch wieder zur Suppe geben. Für die Nocken die Butter in einer kleinen Schüssel schmelzen und das Ei einrühren. Polenta und Salz dazugeben und alles gut verrühren. Mit einem Teelöffel aus der Grießmasse Nocken ausstechen und für 20 Minuten in die köchelnde Brühe geben. Petersilie waschen, trocken schütteln, klein hacken und zum Anrichten über die Suppe streuen. Noch heiß servieren.

Omas Eintopf

Für 4 Personen

800 g Rindfleisch
gekörnte Brühe (hefefrei)
500 g Kartoffeln
1 Bund Möhren
1 Zwiebel
1 Knoblauchzehe
Majoran, Petersilie, Salz, Pfeffer
Butter zum Anbraten

Für den Eintopf Fleisch unter fließendem Wasser gründlich waschen, mit Küchenkrepp trocken tupfen und in gulaschgroße Stücke schneiden. Butter in einem großen Topf erhitzen und die Fleischstücke von allen Seiten gleichmäßig unter Rühren anbraten. Leicht salzen und pfeffern. Mit reichlich Wasser mit gekörnter Brühe aufgießen und Fleisch darin garen. Kartoffeln schälen, waschen und in kleine Stücke schneiden. Möhren unter fließendem Wasser mit einer Gemüsebürste gründlich abschrubben und in dickere Scheiben schneiden. Zwiebel und Knoblauch schälen und klein hacken. Kurz vor Ende der Garzeit Gemüse in den Topf geben und weitere 20 Minuten auf mittlerer Hitze köcheln lassen. Majoran waschen, trocken schütteln, klein schneiden und in den Eintopf geben. Petersilie waschen, trocken schütteln, grob zerkleinern und zum Anrichten über den Eintopf geben. Noch heiß servieren.

Pichelsteiner Topf

Für 4 Personen

1 Brokkoli
300 g Kartoffeln
1 Bund Möhren
1 kleine Sellerieknolle
2 Zwiebeln
1 Stange Lauch
gekörnte Brühe (hefefrei)
Wacholderbeeren, Lorbeerblatt,
Majoran, Petersilie
Salz, Pfeffer
Butter zum Braten

Den Brokkoli gründlich mit Wasser abbrausen, abtropfen lassen und die Röschen abschneiden.
Kartoffeln schälen, waschen und klein schneiden.
Möhren unter fließendem Wasser gut abschrubben und in Scheiben schneiden. Sellerie und Zwiebeln schälen und ebenfalls klein schneiden. Lauch waschen, putzen und in schmale Streifen schneiden. Butter in einem großen Topf erhitzen, Gemüse darin anschwitzen, mit Brühe und reichlich Wasser aufgießen. Wacholderbeeren und Lorbeerblatt dazugeben und alles 20 Minuten auf mittlerer Hitze köcheln lassen. Kräuter waschen, trocken schütteln und klein hacken. Eintopf mit Kräutern verfeinern, Wacholderbeeren und Lorbeerblatt entfernen, mit Salz und Pfeffer abschmecken und noch heiß servieren.

Tipp:
Noch leckerer schmeckt sie, wenn sie mit italienischen Kräutern verfeinert ist.

Sofie´s Suppe mit Spießen

Für 4 Personen

Für die Suppe:
1 Bund Möhren
2 große Kartoffeln
1 Zwiebel
gekörnte Brühe (hefefrei)
Petersilie
1 EL Crème fraîche
Salz, Pfeffer
Butter zum Anbraten

Für die Hühnerspieße:
400 g Hühnerbrustfilet
Paprikapulver
Salz, Pfeffer
Öl zum Braten
8 Holzspieße

Für die Suppe Möhren unter fließendem Wasser gründlich waschen und grob zerkleinern. Kartoffeln schälen, waschen und klein schneiden. Zwiebel schälen und ebenfalls grob zerkleinern. Etwas Butter in einem Topf erhitzen, Gemüse darin anschwitzen, mit Brühe und Wasser aufgießen und alles 20 Minuten auf mittlerer Hitze köcheln lassen.

Für die Fleischspieße Fleisch waschen, mit Küchenkrepp trocknen und klein schneiden. Fleisch mit Salz, Pfeffer und leicht mit Paprikapulver einreiben und die gewürzten Fleischwürfel auf Holzspieße aufreihen.

Öl in einer Pfanne erhitzen und die Spieße darin gleichmäßig von allen Seiten anbraten. Auf einem Küchenkrepp abtropfen lassen.

Petersilie waschen, trocken schütteln und klein hacken. Gemüsebrühe vom Herd nehmen, Crème fraîche unterrühren und mit einem Pürierstab zu einer feinen Cremesuppe pürieren. Petersilie unterrühren und mit Salz und Pfeffer abschmecken. Suppe in die vorbereiteten Teller geben, mit Fleischspießen anrichten und noch heiß servieren.

Spargelcremesuppe

Für 4 Personen

500 g Spargel
2 große Kartoffeln
200 ml Sahne
Schnittlauch, Petersilie
Salz, Pfeffer

Für die Suppe Spargel gründlich waschen und die Enden, an denen er meist holzig ist, großzügig entfernen. Falls Sie weißen Spargel verwenden wollen, diesen bitte ganz schälen. Spargel in 3 Teile schneiden. Kartoffeln schälen, waschen und grob zerkleinern. In einem Topf reichlich Salzwasser kochen lassen, Spargel und Kartoffeln hineingeben und bei mittlerer Hitze 20 Minuten köcheln lassen.
Ein paar Spargelspitzen aus der Suppe nehmen und zur Seite stellen. Restlichen Spargel mit Kartoffeln und Sahne mit einem Pürierstab gleichmäßig zu einer Cremesuppe pürieren. Kräuter waschen, trocken schütteln, klein hacken und mit den zur Seite gestellten Spargelspitzen in die Suppe geben. Mit Salz und Pfeffer abschmecken und auf Tellern anrichten. Am besten noch heiß servieren.

Zucchinischaumsuppe

Für 4 Personen

1 große Kartoffel
500 g Zucchini
gekörnte Brühe (hefefrei)
Oregano, Petersilie
200 ml Sahne
evtl. Crème fraîche
Salz, Pfeffer
Ghee zum Braten

Für die Suppe Kartoffeln schälen, waschen und grob zerkleinern. Zucchini waschen, putzen und ebenfalls grob zerkleinern. Ghee in einem großen Topf erhitzen und das Gemüse darin anschwitzen. Mit reichlich Wasser und Brühe aufgießen und alles bei mittlerer Hitze etwa 20 Minuten köcheln lassen. Kräuter waschen, trocken schütteln und klein hacken. Vom Herd nehmen, mit Sahne aufgießen und die Kräuter dazugeben. Mit einem Pürierstab zu einer cremigen Schaumsuppe aufschlagen. Mit Salz und Peffer abschmecken.
Auf Tellern und falls gewünscht mit einem Löffel Crème fraîche anrichten und noch heiß servieren.

Salate

Dänischer Gurkensalat

Für 4 Personen

1 Salatgurke
Dill
5 EL Apfelsaft
1 EL Rapshonig
Salz, Zucker
Vitamin C-Pulver

Für den Salat die Salatgurke gründlich unter fließendem Wasser waschen. Blüten und Stielansatz entfernen und mit einem Gurkenhobel in feine Scheiben hobeln. Dill mit fließendem Wasser abbrausen und klein hacken. Für die Dressing Apfelsaft mit 400 ml Wasser und Honig in einem Topf aufkochen lassen und über die vorbereiteten Gurkenscheiben gießen. Salz, Zucker, Dill und Vitamin C dazugeben, gut umrühren und etwa 20 Minuten durchziehen lassen. Auf Tellern oder in Schälchen anrichten und servieren.

Dinkelsalat

Für 4 Personen

Für den Salat:
gekörnte Brühe (hefefrei)
150 g Dinkelkörner
300 g Pflücksalat
2 Möhren
1 Maiskolben
2 Lauchzwiebeln
1 Salatgurke
Petersilie, Schnittlauch

Für das Dressing:
4 EL Kochsud
1 EL Öl
Salz, Pfeffer

Für den Salat gekörnte Brühe mit 300 ml Wasser aufkochen und den Dinkel darin 15 Minuten garen. Pflücksalat putzen und gründlich mit Wasser abbrausen und gut abtropfen lassen. Möhren unter fließendem Wasser mit einer Gemüsebürste gründlich abschrubben und mit einem Gurkenhobel in hauchdünne Scheiben hobeln. Maiskolben putzen, waschen und die Körner ablösen. Lauchzwiebeln putzen und klein hacken. Salatgurke ebenfalls mit dem Gurkenhobel in dünne Scheiben hobeln. Dinkel aus dem Kochsud nehmen, abtropfen und leicht abkühlen lassen.
Für das Dressing Kochsud mit Öl verrühren. Salat mit Möhren, Mais, Zwiebeln und Gurke grob mischen und mit der Dressing übergießen. Kräuter waschen, trocken schütteln und klein hacken. Kräuter in den Salat einarbeiten und mit Salz und Pfeffer abschmecken. Anschließend den Salat am besten lauwarm servieren.

Eiersalat

Für 4 Personen

Für den Salat:
8 Eier
1 rote Paprika
1 gelbe Paprika
2 Mozzarella
Petersilie
Schnittlauch

Für das Dressing:
200 g Joghurt
2 EL Schmand
etwas gekörnte Brühe (hefefrei)
Paprikapulver
Salz, Pfeffer

Für den Salat Eier in reichlich Wasser hart kochen, erkalten lassen und schälen. Eier vierteln. Paprika waschen, putzen, in kleine Würfel schneiden und in einer Schüssel mit den Eiern mischen. Mozzarella klein schneiden und unterrühren. Kräuter gründlich abbrausen, trocken schütteln und klein hacken.
Für das Dressing Joghurt mit Schmand in einer Schüssel verrühren. Die gekörnte Brühe unterrühren und mit Salz, Pfeffer und Paprikapulver abschmecken.
Das Dressing unter die Eiersalatmischung heben und vorsichtig umrühren. Mit etwas frischen Kräutern anrichten und servieren.

Farmersalat

Für 4 Personen

Für den Salat:
1 Sellerieknolle
4 Möhren
3 Lauchzwiebeln
Frühlingszwiebeln für die Garnitur

Für das Dressing:
Petersilie
200 g Joghurt (Natur)
2 EL Sahne
Salz, Pfeffer

Für den Salat den Sellerie schälen und vierteln. Die Viertel zuerst mit einem Gurkenhobel in feine Scheiben hobeln und diese dann in ganz dünne Streifen schneiden. Möhren gründlich unter fließendem Wasser mit einer Gemüsebürste abschrubben und ebenfalls in ganz feine Streifen schneiden. Lauchzwiebeln schälen, putzen und klein hacken. Gemüse in einer großen Schüssel mischen.
Für die Dressing Petersilie waschen, trocken schütteln und klein hacken. In einer Schüssel Joghurt mit Sahne verrühren und mit Salz und Pfeffer abschmecken. Petersilie unter das abgeschmeckte Joghurtdressing rühren und mit dem Salat mischen. Eventuell erneut mit Salz und Pfeffer abschmecken. Salat für 1 Stunde zugedeckt im Kühlschrank durchziehen lassen.
Zum Anrichten in Salatgläser füllen, mit ein paar Rädchen Frühlingszwiebeln garnieren und servieren.

Tipp:

Hinweis: Darauf achten, dass die Gemüsemischung komplett mit der Dressing bedeckt ist und auf dem Dressing die Frischhaltefolie aufliegt, so kommt wenig Luft hin.

Fleischsalat

Für 4 Personen

Für den Salat:
200 g Putenschnitzel
200 g Rinderminutensteaks
1 kleine Salatgurke
1 rote Paprika
Petersilie, Schnittlauch
Salz, Pfeffer
Öl zum Braten

Für das Dressing:
2 EL Schmand
3 EL Wasser
1 Msp. Vitamin C
Salz, Pfeffer

Für den Salat Putenschnitzel leicht salzen und pfeffern. Öl in einer Pfanne erhitzen und der Reihe nach die Putenschnitzel und dann die ungewürzten Rinderminutensteaks darin von beiden Seiten gleichmäßig anbraten. Auf einem Küchenkrepp abtropfen und erkalten lassen.
Gurke waschen, putzen und der Länge nach in ganz dünne Streifen schneiden. Paprika waschen, putzen und ebenfalls in dünne Streifen schneiden.
Fleisch ebenfalls streifig schneiden und in einer großen Schüssel mit Gurke und Paprika vermengen.
Kräuter waschen, trocken schütteln und untermengen.
Für die Dressing Schmand mit Wasser und Vitamin C in einer Schüssel verrühren. Leicht salzen und pfeffern.
Dressing unter den vorbereiteten Fleischsalat geben, gleichmäßig verrühren und mit Salz und Pfeffer abschmecken. Kann sofort serviert werden.

Italienischer Salat

Für 4 Personen

Für den Salat:
350 g Hühnerbrust
Paprikapulver
4 Eier
1 grünen Eichblattsalat
1 roten Eichblattsalat
1 Bund Radieschen
1 rote Paprika
1 Mozzarella
Petersilie, Schnittlauch
Basilikum, Oregano
Salz, Pfeffer
Öl zum Braten

Für das Dressing:
1 Eigelb (von den für den Salat benötigten Eiern)
1 TL Rapshonig
2 EL Olivenöl
300 g Joghurt
Salz, Pfeffer

Für den Salat Hühnerbrust leicht mit Salz, Pfeffer und Paprikapulver würzen. Öl in einer Pfanne erhitzen und das Hühnchen darin anbraten und garen. Eier in reichlich Wasser hart kochen. Hühnchen aus der Pfanne nehmen und auf einem Küchenkrepp abtropfen und abkühlen lassen. Salate verlesen, gründlich unter fließendem Wasser abbrausen und gut abtropfen lassen. Radieschen gründlich waschen, putzen und klein schneiden. Paprika ebenfalls waschen, putzen und in dünne Streifen schneiden. Eier schälen und in Scheiben schneiden. Ein Eigelb für die Dressing zur Seite stellen. Mozzarella gut abtropfen lassen und in kleine Würfelchen schneiden. Salate mit Radieschen, Paprika, Eiern und Mozzarella mischen. Kräuter waschen, trocken schütteln und klein hacken. Hühnerbrust in kleine Streifen schneiden und mit den Kräutern unter den Salat mischen. Für das Dressing das vorbereitete Eigelb in einer Schüssel mit Honig, Öl und Joghurt verrühren. Dressing mit Salz und Pfeffer abschmecken und vorsichtig unter den Salat heben. Alles erneut abschmecken und nötigenfalls nachwürzen und anschließend servieren.

Kürbissalat

Für 4 Personen

Für den Salat:
2 Weißbrotscheiben (Basics Seite 29)
1 Zwiebel
1 Knoblauchzehe
1 Hokkaidokürbis
1 TL gekörnte Brühe (hefefrei)
500 g Feldsalat
3 EL Kürbiskerne
Öl zum Braten

Für das Dressing:
1 EL Olivenöl
4 EL Kochsud
Salz, Pfeffer

Für den Kürbissalat das Weißbrot wie im Kapitel Basics beschrieben zubereiten, abkühlen lassen und klein schneiden.
Zwiebel und Knoblauch schälen und klein hacken.
Kürbis waschen, putzen und in Stücke schneiden.
Öl in einem Topf erhitzen, Kürbis darin anschwitzen, etwas Wasser mit der Brühe angießen und darin garen.
Feldsalat putzen, waschen und auf Tellern anrichten.
Kürbis aus dem Kochsud nehmen und zur Seite stellen.
Erneut Öl in einer Pfanne erhitzen und die Brotwürfel mit den Zwiebeln und den Knoblauch darin rösten.
Kürbis mit der gerösteten Brotmischung vermengen und auf dem Feldsalat legen. Mit Kürbiskernen bestreuen.
Für das Dressing Öl mit Kochsud verrühren und über den Salat geben. Salat mit Salz und Pfeffer abschmecken und servieren.

Mediterraner Brotsalat

Für 4 Personen

8 Scheiben Weißbrot
(siehe Basics Seite 29)
2 Knoblauchzehen
1 rote Paprika
1 kleiner Eisbergsalat
Rosmarin, Basilikum
Oregano, Thymian
Salz, Pfeffer
Öl zum Braten

Für den Salat das Brot wie im Kapitel Basics beschrieben zubereiten. Aus dem Ofen nehmen und abkühlen lassen. Brot in daumendicke Scheiben schneiden und diese dann in Würfel schneiden. Knoblauch schälen und klein hacken. Paprika waschen, putzen und in Streifen schneiden. Eisbergsalat verlesen, gründlich abbrausen und in die gewünschte Größe schneiden. Kräuter waschen, trocken schütteln, von Stielen befreien und klein hacken. In einer Pfanne Öl erhitzen. Brotwürfel mit Knoblauch und Kräuter darin anrösten. Eisbergsalat auf einer Platte anrichten und die Paprikastreifen darauf verteilen. Die gerösteten Brotwürfel mit dem entstandenen Würzöl über den Salat geben und unterheben.
Am besten lauwarm servieren.

Möhrensalat

Für 4 Personen

Für den Salat:
1 Bund Möhren
Salz, Pfeffer

Für das Pesto:
Petersilie, Oregano
1 Knoblauchzehe
1 EL gehackte Mandeln
4 EL Olivenöl
2 EL Kochsud

Für den Salat Möhren unter fließendem Wasser gründlich mit einer Gemüsebürste abschrubben und anschließend schräg in dickere Scheiben schneiden. Reichlich Salzwasser in einem Topf erhitzen und die Möhrenscheiben darin 15 Minuten bei mittlerer Hitze köcheln lassen. Aus dem Sud nehmen, gut abtropfen lassen, portionsweise auf den Tellern anrichten und abkühlen lassen. Leicht salzen und pfeffern.
Für das Pesto Kräuter waschen, trocken schütteln und klein hacken. Knoblauch schälen und ebenfalls klein hacken. In einer Schüssel Mandeln mit Öl, Kochsud, Kräuter und Knoblauch vermischen und über die vorbereiteten Möhrenteller geben.

Nudelsalat

Für 4 Personen

Für den Salat:
125 g Dinkelnudeln
200 g Hühnerbrustfilet
2 rote Paprika
1 Zucchini
70 g TK Mais
1 Bund Ruccola
200 g Mozzarella (Minis)
Basilikum, Oregano
Petersilie, Thymian
Salz, Pfeffer
Öl zum Braten

Für das Dressing:
1 TL Apfelmus
200 g Joghurt (Natur)
1 TL Olivenöl
Paprikapulver
Salz, Pfeffer

Für den Salat die Nudeln in reichlich Salzwasser garen, abgießen und abkühlen lassen.
Die Hühnerbrust waschen, trocken tupfen, salzen und pfeffern. Öl in einer Pfanne erhitzen und das Fleisch von beiden Seiten gleichmäßig anbraten und garen.
Fleisch aus dem Öl nehmen und auf einem Küchenkrepp abtropfen und abkühlen lassen.
Paprika und Zucchini waschen, putzen und klein schneiden. Zucchini mit dem Mais mit etwas Wasser in einem Topf garen und anschließend gut abtropfen lassen. Ruccola unter fließendem Wasser gründlich abbrausen und gut abtropfen lassen.
Fleisch in kleine Streifen schneiden und in einer großen Schüssel mit Nudeln, Mais, Paprika, Zucchini, Ruccola und Mozzarella mischen. Kräuter waschen, trocken schütteln, klein hacken und unter die Nudelmischung heben.
Für die Dressing Apfelmus mit Joghurt und Öl gleich mäßig verrühren und unter den Salat geben. Alles gut verrühren und mit Salz, Pfeffer und Paprikapulver abschmecken und kalt servieren.

Pastinakensalat

Für 4 Personen

Für den Salat:
3 Pastinaken
1 rote Paprika
1 Möhre
1 Eisbergsalat
Öl zum Dünsten

Für das Dressing:
2 EL Olivenöl
4 EL Apfelsaft
Petersilie
Salz, Pfeffer

Für den Salat die Pastinaken schälen und mit einem Sparschäler der Länge nach dünn abschälen.
Paprika waschen, putzen und in dünne Streifen schneiden. Möhre unter fließendem Wasser mit einer Gemüsebürste gründlich abschrubben und in kleine dünne Streifen schneiden.
Öl in einem Topf erhitzen und das Gemüse darin anschwitzen und gar dünsten. Vom Herd nehmen und abkühlen lassen. Eisbergsalat verlesen, waschen und klein schneiden. Salat auf Tellern anrichten und mit dem abgekühlten, gedünsteten Gemüse belegen.
Für die Dressing Olivenöl mit Apfelsaft verrühren und mit Salz und Pfeffer abschmecken. Dressing über den Salat gießen. Petersilie waschen, trocken tupfen, klein hacken und damit den Salat garnieren.
Erneut abschmecken, evtl. nachwürzen und servieren.

Pflücksalat mit Apfel

Für 4 Personen

Für den Salat:
500 g Pflücksalat
2 Äpfel
4 Thymianzweige

Für das Dressing:
100 ml Apfelsaft
2 EL Wasser
1 TL Olivenöl
1 TL Honig
Salz
1 Msp. Vitamin C

Für den Salat Pflücksalat putzen und anschließend in einem Küchensieb gründlich unter fließendem Wasser abbrausen. Salat gut abtropfen lassen.
Äpfel unter fließendem Wasser gründlich waschen, vierteln und das Kernhaus entfernen. Einen Apfel in kleine Würfelchen schneiden. Thymian waschen, trocken schütteln, von den Stielen zupfen und den Großteil mit den Apfelwürfeln mischen. Apfelwürfel auf Tellern gleichmäßig verteilen. Pflücksalat auf den Apfelwürfeln portionsweise anrichten. Die anderen Apfelviertel in Scheiben schneiden und am Salatrand anrichten.
Aus dem Apfelsaft, Wasser, Öl, Honig, Salz und Vitamin C das Salatdressing rühren und auf die bereits angerichteten Teller gleichmäßig verteilen. Restlichen Thymian darüber streuen und servieren.

Reissalat

Für 4 Personen

Für den Salat:
150 g Reis
2 Möhren
1 orange Paprika
1 rote Paprika
1 Zwiebel
250 g Ruccola
Kräuter nach Belieben
Salz, Pfeffer
Öl zum Braten

Für das Dressing:
1 Ei
2 EL saure Sahne
1 EL Olivenöl
Salz, Pfeffer

Für den Salat Reis in reichlich Salzwasser garen. Anschließend leicht abkühlen lassen. Möhren unter fließendem Wasser gründlich mit einer Gemüsebürste abschrubben und in schmale Scheiben schneiden. Paprika waschen, putzen und in dünne Streifen schneiden. Zwiebel schälen und klein hacken. Öl in einer Pfanne erhitzen und das Gemüse darin kurz anschwitzen. Ruccola putzen und in einem Küchensieb gründlich abbrausen, gut abtropfen lassen und kleiner schneiden. Kräuter waschen, trocken schütteln und klein hacken. Gemüse aus der Pfanne nehmen, auf einem Küchenkrepp abtropfen lassen und in einer Schüssel mit den Kräutern, dem Ruccola und dem Reis mischen. Leicht salzen und pfeffern. Für das Dressing das Ei kochen und nur das Eigelb mit der sauren Sahne und dem Öl verrühren. Dressing unter den Reissalat heben, mit Salz und Pfeffer abschmecken und servieren..

Rohkostsalat

Für 4 Personen

Für den Salat:
1 Bund Radieschen
1 Eisbergsalat
4 Möhren
1 Sellerieknolle
4 gelbe Paprika

Für das Dressing:
300 g Joghurt (Natur)
1 EL Apfelmus
Kresse
Salz, Pfeffer

Für den Rohkostsalat Radieschen unter fließendem Wasser waschen, putzen und in dünne Scheiben schneiden. Eisbergsalat verlesen, gründlich mit Wasser abbrausen und klein schneiden. Möhren unter fließendem Wasser mit einer Gemüsebürste sauber schrubben und in mithilfe einer Gurkenreibe in feine Streifen reiben. Sellerie schälen, vierteln und ebenfalls mithilfe der Reibe klein reiben. Paprika waschen, putzen und in feine Streifen schneiden.

Für die Dressing Joghurt mit Apfelmus in einer Schüssel verrühren. Mit Salz und Pfeffer abschmecken.

Auf einem Teller die Salatsorten der Reihe nach Anrichten. Mit der Joghurtsoße verfeinern und mit frisch geschnittener Kresse garnieren und anschließend sofort servieren.

Rote-Bete-Salat

Für 4 Personen

Für den Salat:
2 Rote-Bete-Knollen
2 Äpfel
500 g Ruccola
1 TL Kornblume (getrocknet)
1 TL Ringelblume (getrocknet)

Für das Dressing:
1 EL Öl
3 EL Rote-Beete-Saft
2 EL Apfelsaft
Salz
1 Msp. Vitamin C-Pulver

Für den Salat die Rote-Bete-Knollen unter fließendem Wasser gründlich abschrubben. In einem Topf mit kochendem, leicht gesalzenem Wasser ungefähr 30 Minuten weich kochen. Aus dem Kochwasser nehmen, unter kaltem Wasser kurz abschrecken und kurz abkühlen lassen.
Die leicht abgekühlten Rote-Bete-Knollen schälen und in dünne Scheiben schneiden. Äpfel unter fließendem Wasser gründlich abbrausen, schälen, vierteln und das Kernhaus entfernen. Die Viertel dann in dünne Scheiben schneiden. Ruccola in einem Küchensieb gründlich waschen, gut abtropfen lassen und zusammen mit der Roten-Bete und dem Apfel auf Tellern anrichten.
Für die Dressing Öl mit den Säften in einer Schüssel verrühren. Salz und Vitamin C dazugeben und abschmecken. Dressing über die vorbereiteten Salatteller gießen, mit Korn- und Ringelblumenblüten bestreuen und servieren.

Salat Hollandaise

Für 4 Personen

Für den Salat:
400 g Spargel
300 g Putenbrust
Salz, Pfeffer
2 Möhren
Öl zum Braten

Für die Soße:
1 EL Butter
3 Eigelb
200 ml Sahne
etwas Stärke zum Binden
1 Pr. Zucker
Salz, Pfeffer

Für den Salat Spargel in reichlich Salzwasser garen. Putenbrust salzen und pfeffern. Möhren unter fließendem Wasser gründlich waschen, putzen und in Scheiben schneiden.

Öl in einer Pfanne erhitzen und die Putenbrustfilets von beiden Seiten gleichmäßig darin anbraten, Möhren dazugeben und alles zusammen fertig garen. Spargel aus dem Sud nehmen und gut abtropfen lassen. Fleisch und Möhren aus der heißen Pfanne nehmen und auf einem Küchenkrepp abtropfen lassen.

Für die Soße Butter in einem Topf schmelzen. Eigelb in die geschmolzene Butter einrühren und mit Sahne ablöschen. Bei Bedarf mit Maisstärke binden. Mit Salz, Zucker und Pfeffer abschmecken. Spargel mit Fleisch, Möhren und der Soße auf den vorbereiteten Tellern anrichten und am besten noch lauwarm servieren.

Schichtsalat

Für 4 Personen

Für den Salat:
1 Eissalat
4 Möhren
1 Maiskolben
2 Paprika
1 Salatgurke

Für die Dressing:
Petersilie, Dill
200 g Joghurt (Natur)
Salz, Pfeffer

Für den Salat Eissalat verlesen, waschen und in die gewünschte Größe schneiden. Möhren unter fließendem Wasser mit einer Gemüsebürste abschrubben und in schmale Rädchen schneiden. Maiskolben gründlich abbrausen und die Körner ablösen. Paprika waschen, putzen und in kleine Würfelchen hacken. Salatgurke waschen und mit einem Gurkenhobel in feine Scheiben hobeln. Gemüse der Reihe nach in die vorbereiteten Gläser einschichten.

Für die Dressing Kräuter waschen, trocken schütteln, von den Stielen zupfen und klein schneiden. Joghurt in einer Schüssel mit Salz und Pfeffer abschmecken und auf die Gurkenschicht geben. Mit den Kräutern garnieren und servieren.

Warmer Gemüsesalat

Für 4 Personen

1 Zucchini
2 Möhren
1 Maiskolben
2 rote Spitzpaprika
2 Knoblauchzehen
1 Gemüsezwiebel
Fenchelgrün
Petersilie, Thymian
etwas Pflücksalat
Salz, Pfeffer
Öl für die Pfanne

Für den Salat Zucchini gründlich unter Wasser abbrausen, putzen und klein schneiden. Möhren gründlich unter fließendem Wasser mit einer Gemüsebürste abschrubben, der Länge nach halbieren und in Scheiben schneiden. Den Maiskolben putzen, waschen und Maiskörner ablösen. Die Spitzpaprikas waschen und putzen.
Eine Paprika klein schneiden und die andere in Scheiben schneiden. Knoblauch und Zwiebel schälen und klein hacken. Fenchelgrün und Kräuter waschen, trocken schütteln und ebenfalls klein schneiden.
Öl in einer Pfanne erhitzen und Gemüse darin garen. Kräuter unterrühren, mit Salz und Pfeffer abschmecken. Pflücksalat unter fließendem Wasser abbrausen, putzen und auf Tellern anrichten. Gemüse vom Herd nehmen und auf den vorbereiteten Tellern anrichten, etwas abkühlen lassen und servieren.

Desserts

Apfel-Thymian-Sorbet

Für 4 Personen

3 EL Zucker
3 Äpfel
8 Zweige Thymian
1 Thymianzweig für die Dekoration

Für das Sorbet 150 ml Wasser mit Zucker in einem Topf zum Kochen bringen und einköcheln lassen, sodass daraus eine sirupartige Flüssigkeit entsteht. Diese leicht abkühlen lassen.

Äpfel unter fließendem Wasser waschen, schälen, Kernhaus entfernen und mit dem abgekühlten Sirup pürieren. Thymianzweige unter fließendem Wasser waschen, von den Stielen zupfen und klein hacken. Apfelmasse mit Thymianzweige mischen und in eine Gefrierschüssel füllen. Für ungefähr 4 Stunden einfrieren und dabei immer wieder umrühren.

Eine halbe Stunde vor dem Servieren aus dem Eisschrank nehmen, antauen lassen und portionsweise in Dessertgläser füllen. Mit einem Thymianzweig anrichten und sofort servieren.

Bayerische Creme auf Johannisbeerspiegel

Für 4 Personen

Für die Creme:
400 ml Milch
4 Eigelb
80 g Zucker
1 TL Agar-Agar
200 ml Sahne
4 Tropfen Vanillin

Für den Johannisbeerspiegel:
300 g Johannisbeeren
4 EL Zucker
1 TL Maisstärke

Für die Creme 6 Esslöffel Milch in eine Schüssel geben und die restliche Milch in einem Topf erhitzen. Milch in der Schüssel mit Ei, Zucker und Agar-Agar verrühren und in die kochende Milch geben. Unter ständigem Rühren weiterkochen lassen bis es eine dickflüssige Masse wird. Das Vanillin einrühren, anschießend vom Herd nehmen und etwas abkühlen lassen. Sahne steif schlagen und unter die Masse rühren. In eine große Schüssel kaltes Wasser geben, den Topf hineinstellen und die Creme darin kalt rühren. Sobald die Creme abgekühlt ist in die vorbereiteten Dessertförmchen füllen und im Kühlschrank für 4 Stunden kalt stellen. Für den Johannisbeerspiegel die Beeren in einem Sieb unter fließendem Wasser waschen, von den Stielen zupfen und in einem Topf mit Zucker und 2 EL Wasser erhitzen. Maisstärke mit einrühren und aufkochen lassen. Anschließend mit einem Pürierstab zum Fruchtpüree musen. Die erkalteten Dessertförmchen auf einen Teller stürzen, mit dem Johannisbeerspiegel anrichten und servieren.

Beeren Shortcake

Für 4 Personen

Für den Teig:
100 g Zucker
200 g Butter
500 g Dinkelmehl
1 Pck. Weinsteinbackpulver
1 Prise Salz

Für die Füllung:
200 ml Heidelbeeren
200 ml Sahne
1 EL Zucker
Puderzucker zum Bestäuben

Den Backofen auf 200 Grad Ober-/Unterhitze vorheizen. Ein Backblech mit Backpapier auslegen. Für den Teig Zucker und Butter in einer Rührschüssel mit dem Handrührgerät schaumig schlagen. Dinkelmehl, Backpulver und Salz dazugeben und unterrühren. Teig auf das Backblech streichen und im heißen Ofen (Mitte) etwa 20 Minuten backen. Den fertig gebackenen Teig aus dem Ofen nehmen und auf einen Küchenrost abkühlen lassen. Für die Füllung die Heidelbeeren in einem Sieb unter fließendem Wasser waschen und gut abtropfen lassen. Sahne in einen Rührbecher füllen und mit dem Handrührgerät steif schlagen. Dabei den Zucker mit einrieseln lassen. Die Heidelbeeren dazugeben und mit einrühren. Aus dem abgekühlten Teig Kreise ausstechen. Eine Kreisscheibe als Boden verwenden, mit der Beerensahne dick bestreichen, eine weitere Kreisscheibe als Deckel auflegen, mit Puderzucker bestäuben und servieren.

Brombeercreme

Für 4 Personen

200 ml Sahne
250 g Quark
2 EL Zucker
150 g Brombeeren frisch

Für die Creme Sahne in ein hohes Rührgefäß füllen und mit dem Handrührgerät auf der höchsten Stufe steif schlagen. Den Quark mit dem Zucker in einer Schüssel mit dem Handrührgerät verrühren.
Die Brombeeren in einem Sieb unter fließendem Wasser waschen und gut abtropfen lassen. Ein paar Beeren für die Garnitur zur Seite stellen, die restlichen Beeren in ein hohes Gefäß füllen und mit einem Pürierstab zu einer gleichmäßigen Masse pürieren.
Das Brombeerpürre unter den Quark ziehen und vorsichtig, am besten löffelweise die Sahne unterheben.
Die Creme in die vorbereiteten Dessertgläser füllen und für eine Stunde in den Kühlschrank stellen.
Mit den Brombeeren anrichten und servieren.

Buttermilch Schichtdessert

Für 4 Personen

Für die Buttermilchcreme:
2 EL Maisstärke
450 ml Buttermilch
250 g Quark
2 EL Zucker

Für die Beerenschicht:
500 g Johannisbeeren
2 EL Zucker
1 TL Agar-Agar

Für die Garnitur:
4 Streubelchen Johannisbeeren
1 EL Butter
2 EL Zucker

Für die Buttermilchcreme Stärke mit Buttermilch in einen Topf unter Rühren aufkochen. Etwas abkühlen lassen und mit Quark und Zucker zu einer Creme verrühren.
Für die Beerenschicht Johannisbeeren unter fließendem Wasser waschen, von den Stielen zupfen, in einen Topf geben und leicht zermusen. Zu dem Beerenmus Zucker und Agar-Agar rühren und kurz aufkochen lassen. Wer mehr Zucker benötigt, arbeitet diesen mit ein. Ebenfalls leicht abkühlen lassen.
Beides abwechselnd – vorsichtig das es sich nicht vermischt – in Dessertgläser einfüllen. Am besten zwischen den einzelnen Schichten für 30 Minuten in den Kühlschrank stellen. Für die Garnitur Johannisbeeren waschen und trocken schütteln. Butter zerlassen und Johannisbeeren durch die Butter ziehen und anschließend in Zucker wenden. Auf die oberste Buttermilchschicht legen und servieren.

Crème brûlée

Für 4 Personen

Für die Creme:
5 Eigelb
200 ml Sahne
150 ml Milch
4 EL Zucker
5 Tropfen Vanillin
2 EL Zucker zum Karamellisieren

Den Backofen auf 150 Grad Ober-/Unterhitze vorheizen. Für die Creme Eier trennen. Eigelb mit Sahne in einer Schüssel schaumig rühren. Milch, Zucker und Vanillin dazugeben und zu einer homogenen Masse verrühren. Die Masse in feuerfeste Förmchen füllen. Die Förmchen in eine Ofenpfanne stellen und mit kochendem Wasser auffüllen. So viel Wasser auffüllen, dass die Förmchen zur Hälfte im Wasser stehen. Im heißen Ofen (Mitte) 75 Minuten backen. Am Ende der Backzeit den Zucker auf der Creme verteilen und weitere 10 Minuten backen bis eine schöne karamellisierte Kruste entstanden ist. Förmchen aus dem Ofen nehmen und abkühlen lassen.

Griechische Joghurtcreme

Für 4 Personen

30 g gehobelte Mandeln
1 EL Zucker
300 g griechischer Joghurt (Natur)
4 EL Rapshonig

Für die Creme die gehobelten Mandeln in einem kleinen Topf rösten. Den Zucker darüber streuen sodass die Mandeln dabei gleich karamellisieren. Vom Herd nehmen und abkühlen lassen.
Den Joghurt gleich in der gewünschten Portionsmenge in die Dessertgläser oder Schüsseln füllen. Mithilfe eines Teelöffels den Honig darüber gleichmäßig verteilen. Mit den bereits abgekühlten und karamellisierten Mandelblättchen anrichten und servieren.

Grießschnitten mit Früchte-Cocktail

Für 4 Personen

Für die Schnitten:
500 ml Milch
1 Ei
150 g Dinkelgrieß
2 EL Zucker
1 Pr. Salz
Puderzucker zum Bestäuben

Für den Cocktail:
1 Mango
3 Pfirsiche
100 g Johannisbeeren
100 g Heidelbeeren
1 EL Maisstärke

Für die Schnitten Milch, Ei, Grieß, Zucker und Salz in einen Topf geben und unter ständigem Rühren zu einem dicken Brei kochen, bis dieser sich vom Topf löst.
Brei vom Herd nehmen, auf ein Backpapier fingerdick streichen und im Kühlschrank mindestens für 2 Stunden kühl stellen, bis der Teig fest und schneidbar wird.
Für den Cocktail Mango schälen, entsteinen und in kleine Stückchen schneiden. Pfirsiche waschen, entsteinen und klein schneiden. Johannisbeeren waschen, trocken schütteln und von den Stielen zupfen. Heidelbeeren waschen und mit den anderen Beeren in einen Topf geben. Maisstärke unterrühren und unter ständigem Rühren 2 Minuten köcheln lassen bis die Soße angedickt ist.
Grieß aus dem Kühlschrank nehmen, in die gewünschte Form schneiden und mit dem Früchtecocktail anrichten. Mit Puderzucker bestreuen und servieren.

Joghurt-Pfirsichbombe

Für 4 Personen

Für den Joghurtteil:
400 g Joghurt (Natur)
200 ml Sahne
200 ml Milch
3 EL Zucker
1 Msp. Johannisbrotkernmehl

Für den Fruchtteil:
4 Pfirsiche
2 EL Zucker

Für den Joghurtteil Joghurt mit Sahne, Milch, Zucker und Johannisbrotkernmehl in einer Schüssel gleichmäßig verrühren. Eine Kastenform mit Frischhaltefolie auslegen. Die Hälfte der Joghurtmasse einfüllen und im Tiefkühlfach 1 Stunde fest werden lassen.
Für den Fruchtteil die Pfirsiche gründlich abbrausen, entsteinen und mit Zucker und 4 EL Wasser pürieren. Sobald der Joghurtteil angefroren ist, wird dieser mit dem Fruchtpüree bedeckt und erneut in das Tiefkühlfach für 1 Stunde gestellt. Wenn auch dieser Teil angefroren ist die restliche Joghurtmasse darauf verteilen, glatt streichen und erneut im Tiefkühlfach mindestens 4 Stunden fest werden lassen. Bitte nicht umrühren.
Eine halbe Stunde vor dem Anrichten aus dem Tiefkühlfach nehmen, in Scheiben schneiden und anrichten.

Kaiserschmarrn mit Aprikosen und Kokos

Für 4 Personen

240 g Dinkelmehl
4 Eier
550 ml Milch
1 Pr. Zucker
1 Pr. Salz
8 Aprikosen
4 EL Kokosflocken
Puderzucker zum Bestäuben
Butter zum Ausbacken

Für den Schmarrn Dinkelmehl, Eier, Milch, Zucker und Salz in einer Schüssel verrühren. In einer Pfanne etwas Butter auf mittlerer Hitze schmelzen lassen. Teig portionsweise einfüllen und in der Butter ausbacken bis die Unterseite fest ist. Mit zwei Pfannenwendern den Teig zerteilen

und immer wieder wenden. So lange wenden bis er fertig ausgebacken ist. Aus der Pfanne nehmen und warm halten. So weiterverfahren, bis der ganze Teig aufgebraucht ist.

Aprikosen unter fließendem Wasser waschen, entsteinen und achteln. Fertig gebackenen Kaiserschmarrn mit Aprikosen und Kokosraspeln anrichten. Mit Puderzucker bestäuben und heiß servieren.

Käsekuchencreme

Für 4 Personen

150 ml Milch
3 TL Maisstärke
250 g Quark
2 Pfirsiche zum Garnieren
2 EL Zucker

Für die Creme Milch mit Stärke aufkochen lassen, vom Herd nehmen und etwas abkühlen lassen.
Quark mit 2 EL Zucker verrühren und die mit Stärke gekochte Milch unterrühren. Mit Zucker abschmecken und in Dessertgläser füllen und mindestens 1 Stunde kühl stellen.
Pfirsiche vor dem Anrichten unter fließendem Wasser waschen, entsteinen und in Scheiben schneiden.
Die gekühlte Käsekuchencreme mit Pfirsichscheiben garnieren und gekühlt servieren.

Kirsch-Tiramisu

Für 4 Personen

Für den Teig:
125 g Butter
80 g Zucker
1 Ei
100 g Dinkelmehl
1 TL Weinsteinbackpulver
Milch nach Bedarf
Kaffee zum Tränken
Butter zum Fetten

Für die Creme:
400 g Kirschen
250 g Mascarpone
3 EL Milch
3 EL Zucker
½ Röhrchen Bittermandelöl

Für den Teig den Backofen auf 175 Grad Ober-/Unterhitze vorheizen. Eine Tortenform mit etwas Butter fetten. Butter und Zucker mit einem Handrührgerät in einer Rührschüssel schaumig rühren. Mit Ei, Dinkelmehl, Backpulver und Milch mischen. Soviel Milch zugeben, bis es ein zähflüssiger Teig ist. Teig in die vorbereitete Form streichen und im heißen Ofen (Mitte) 30 Minuten backen. Aus dem Ofen nehmen und auf einen Küchenrost abkühlen lassen. Für die Creme die Kirschen in einem Sieb unter fließendem Wasser gründlich waschen und gut abtropfen lassen. Ein paar Kirschen zur Dekoration zur Seite stellen und die restlichen Kirschen entsteinen und klein schneiden. Mascarpone in einer Rührschüssel mit Milch, Zucker und Bittermandelöl zu einer gleichmäßigen, homogenen Creme verrühren. Nun die Kirschen unterheben. Aus dem Kuchenteig mit einem Dessertring Kreise ausstechen und auf einen Teller legen. Mit dem kalten Kaffee tränken und mit der Mascarponecreme dick bestreichen. Etwas Kuchenteig zerbröseln und damit bestreuen. Mit einer Kirsche garnieren und servieren.

Kokosklößchen auf Fruchtrelish

Für 4 Personen

Für die Klößchen:
70 g Butter
250 g Quark
1 Ei
70 g Dinkelmehl
70 g Dinkelgrieß
1 Pr. Salz
100 g Kokosraspeln
Puderzucker zum Bestäuben

Für das Relish:
1 Apfel
1 Pfirsich
1 EL Mangomus
evtl. Zucker

Für die Klöschen Butter in einem Topf schmelzen, etwa abkühlen lassen und mit Quark, Ei, Mehl, Grieß und Sa zu einem gleichmäßigen Teig verkneten. Den Teig in kleine Klößchen formen. Reichlich Wasser mit etwas S aufkochen lassen und die Klößchen darin bei mittlerer Hitze 15 Minuten köcheln lassen.

Für das Relish Apfel und Pfirsich gründlich unter fließendem Wasser waschen, entsteinen und in ganz kleine Würfelchen hacken. Obstwürfel mit Mangomus mischen, nach Belieben mit Zucker abschmecken und auf Tellern anrichten.

Klößchen mit einem Schaumlöffel aus dem Wasser nehmen, abtropfen lassen und sofort in Kokosraspeln wenden. Klößchen mit Puderzucker bestäuben und auf dem Relish anrichten und servieren.

Kokospudding

Für 4 Personen

250 ml Milch
250 ml Kokosmilch
2 EL Zucker
37 g Maisstärke
Kokosraspeln zum Garnieren

Für den Pudding Milch und Kokosmilch in einen hohen Topf füllen. Von der Flüssigkeit 6 Esslöffel abnehmen, in eine Tasse geben und mit Zucker und Maisstärke verrühren. Die Milch-Kokosmilch-Mischung aufkochen lassen, mit der Stärke-Mischung verrühren und unter ständigem Weiterrühren 2 Minuten weiter köcheln lassen. Pudding vom Herd nehmen, kurz abkühlen lassen und in die vorbereiteten Dessertgläser einfüllen. Im Kühlschrank 1 Stunde erkalten lassen.
Nach dem Abkühlen mit Kokosraspeln bestreuen und servieren.

Mandel-Semifreddo

Für 4 Personen

150 g Mandeln (gehackt)
2 Eier
1 Pr. Salz
60 g Zucker
100 ml Milch
100 ml Sahne
20 g Carob

Den Backofen auf 180 Grad Ober-/Unterhitze vorheizen. Ein Backblech mit einem Backpapier belegen, die gehackten Mandeln darauf verteilen und im heißen Ofen (Mitte) 5 Minuten anrösten.
Für das Semifreddo Eier trennen. Eiweiß mit der Prise Salz steif schlagen. Eigelb mit Zucker in einer Schüssel mit dem Handrührgerät schaumig schlagen. Milch und Sahne dazugeben und auf höchster Stufe mit dem Handrührgerät cremig rühren. Carob mit einrühren, Eiweiß und die Mandeln unterheben.
Eine Kastenform mit einer Frischhaltefolie auslegen. Dabei darauf achten, dass die Folie größer ist und über die Kante übersteht, damit anschließend mit den Enden die Masse bedeckt werden kann. Semifreddomasse einfüllen und mit der überstehenden Folie bedecken.
Im Tiefkühlfach für 3 Stunden fest werden lassen. Dabei nicht umrühren. Zum Anrichten Semifreddo aus der Form nehmen, in Scheiben schneiden und erst dann Folie entfernen. Auf Tellern anrichten und servieren.

Mangoparfait

Für 4 Personen

1 Mango
1 Msp. Vitamin C-Pulver
250 ml Sahne
1 EL Zucker
1 Msp. Johannisbrotkernmehl
1 EL Schmand

Für das Parfait zuerst die Mango schälen und entkernen. Mango in grobe Stücke zerteilen, Vitamin C Pulver zusetzten und in einem hohen Gefäß mit dem Pürierstab zermusen. Die gekühlte Sahne in einer Rührschüssel mit dem Handrührgerät steif schlagen. Während des Steifschlagens den Zucker langsam einrieseln lassen.
Das Johannisbrotkernmehl mit dem Schmand verrühren, dabei auf Klumpenfreiheit achten und vorsichtig in das Mangomus einarbeiten. Die steifgeschlagene Sahne langsam und vorsichtig unter die Masse heben.
Nun die Mangoparfaitmasse in eine Gefrierschüssel füllen und für vier Stunden in das Gefrierfach stellen. Ab und zu die Masse umrühren. Das Parfait eine halbe Stunde vor dem Servieren aus dem Gefrierfach nehmen. Mit einem Eisportionierer Kugeln entnehmen und anrichten.

Melonenpudding

Für 4 Personen

1 Honigmelone
1 Netzmelone
38 g Maisstärke
2 EL Zucker

Für den erfrischenden Pudding Melonen vierteln und schälen. Das Fruchtfleisch in grobe Stücke schneiden. Etwas Fruchtfleisch zum Garnieren zur Seite stellen und das restliche Fruchtfleisch in einen hohen Topf füllen und pürieren.
Von der Fruchtmasse 6 Esslöffel abnehmen und mit Stärke in einer extra Schüssel verrühren. Die restliche Fruchtmasse mit Zucker vermischen und aufkochen lassen. Stärke-Fruchtmasse dazugeben und erneut unter ständigem Rühren etwa 3 Minuten aufkochen lassen, sodass ein dicklicher Brei entsteht und das Ganze abbindet.
Den Pudding in die entsprechende Form füllen und im Kühlschrank kalt und fest werden lassen. Zum Anrichten mit den zur Seite gestellten Melonenstücken garnieren und servieren.

Milchreis mit Kirsch-Heidelbeer-Grütze

Für 4 Personen

Für den Milchreis:
250 ml Milch
2 EL Zucker
125 g Milchreis

Für die Grütze:
400 g Kirschen
300 g Heidelbeeren
300 ml Kirschsaft
3 EL Zucker
1 EL Maisstärke

Für die Grütze Kirschen in einem Sieb gut unter fließendem Wasser abbrausen, abtropfen lassen und entsteinen. Heidelbeeren ebenfalls unter fließendem Wasser gut abbrausen und abtropfen lassen.
Kirschsaft in einem Topf füllen, mit Zucker und Maisstärke gut und klumpfenfrei verrühren. Kirschen und Heidelbeeren dazugeben und alles unter ständigem Rühren ungefähr 5 Minuten köcheln lassen. Am Ende der Garzeit vom Herd nehmen und abkühlen lassen.
Für den Milchreis die Milch in einen Topf füllen, mit dem Zucker und dem Milchreis mischen und unter ständigem Rühren garen. Milchreis vom Herd nehmen, leicht abkühlen lassen und in die kalt ausgespülten Förmchen füllen. Im Kühlschrank für 1 Stunde kalt stellen.
Den erkalteten Milchreis aus den Förmchen auf einen Teller stürzen, mit der Kirsch-Heidelbeer-Grütze anrichten und servieren.

Petit fours

Für 20 Stück

Für den Teig:
3 Eier
1 Pr. Salz
60 g Dinkelmehl
60 g Maisstärke
1 Msp. Weinsteinbackpulver
100 g Zucker

Für die Füllung:
200 g Brombeeren
2 EL Zucker
150 g Mascarpone

Für die Verzierung:
150 g Marzipanrohmasse
100 g Puderzucker
Puderzucker für den Guss
Rosenblüten, Früchte, Kaffeebohnen für die Dekoration

Den Backofen auf 180 Grad Ober-/Unterhitze vorheizen. Ein Backblech mit Backpapier belegen. Für den Teig Eier trennen, Eiweiß und Salz mit dem Handrührgerät auf höchster Stufe steif schlagen. Eigelb mit Mehl, Maisstärke und Backpulver in einer Schüssel mit dem Handrührgerät verrühren. Eischnee unter die Masse heben, auf das Backblech streichen und im heißen Ofen (Mitte) 12 Minuten backen. Ein Leinentuch mit Zucker bestreuen und den Biskuit darauf stürzen, Backpapier abziehen und Gebäck erkalten lassen. Biskuit in 6 Streifen (4 cm breit) schneiden.

Für die Füllung Brombeeren gut waschen und mit Zucker und Mascarpone zu einer Creme verrühren. Mascarponecreme auf zwei Biskuitstreifen streichen, diese übereinander legen und einen dritten deckeln. Mit den anderen drei Streifen genauso verfahren. In Quadrate schneiden. Für die Verzierung Marzipan mit Puderzucker verkneten, dünn ausrollen, Quadrate damit umhüllen und kalt stellen.

Puderzucker mit etwas kochendem Wasser zu einem Guss anrühren und die Würfel damit bestreichen.

Mit Rosenblüten, Früchten oder Kaffeebohnen garnieren und erkalten lassen.

Tipp:

Nach Geschmack kann man den Puderzucker für den Guss statt mit Wasser mit Kaffee oder Fruchtsaft anrühren.

Quark-Pistazien-Eis

Für 4 Personen

2 EL Pistazien (Natur)
250 g Quark
200 ml Milch
200 ml Sahne
3 EL Zucker
1 Msp. Johannisbrotkernmehl

Für das Eis Pistazien schälen und mit einem Messer klein hacken. In einer Rührschüssel den Quark mit der Milch und der Sahne mit einem Schneebesen gleichmäßig verrühren. Den Zucker und das Johannisbrotkernmehl mit einrühren und solange rühren bis es eine homogene, klumpenfreie Masse ist. Ein paar gehackte Pistazien für das Anrichten zur Seite stellen. Die restlichen Pistazien in die Masse einarbeiten. Die vorbereitete Masse in eine Tiefkühlschüssel füllen und mindestens 4 Stunden in den Tiefkühlschrank stellen. Gelegentlich umrühren.

Zum Anrichten die Eismasse eine halbe Stunde vorher aus dem Tiefkühlschrank nehmen, portionieren, mit den zurückbehaltenen Pistazien garnieren und anrichten.

Sahnemousse

Für 4 Personen

150 g Palmin
250 g Sahne
1 Eigelb
5 Tropfen Vanillin
3 EL Zucker
Johannisbeeren zum Garnieren
Butter zum Fetten
Zucker zum Bestreuen

Für das Mousse Palmin zerkleinern und in einer Schüssel im Wasserbad schmelzen. Sahne in einer Rührschüssel mit dem Handrührgerät auf höchster Stufe steif schlagen. Palmin vom Wasserbad nehmen und mit Eigelb, Vanillearoma und Zucker verrühren. Die geschlagene Sahne vorsichtig unterheben. Eine Schüssel mit kaltem Wasser ausspülen und die Masse einfüllen.
Für mindestens 6 Stunden in den Kühlschrank stellen.
Aus der erkalteten Moussemasse mit Teelöffeln kleine Nocken ausstechen und auf Tellern anrichten.
Für die Garnitur die Johannisbeeren in einem Sieb unter fließendem Wasser abbrausen und gut abtropfen lassen. Etwas Butter schmelzen, Johannisbeeren durchziehen und im Zucker wenden. Gezuckerte Johannisbeeren zu den Nocken legen und servieren.

Süßer Maisgrieß

Für 4 Personen

Für den Grieß:
500 ml Milch
4 EL Zucker
70 g Maisgrieß

Für die Soße:
200 g Heidelbeeren
1 EL Zucker
1 EL Maisstärke

Für die Soße die Heidelbeeren in einem Sieb unter fließendem Wasser waschen und gut abtropfen lassen. Beeren in ein hohes Gefäß geben und mit einem Pürierstab zu einem gleichmäßigen Mus verarbeiten.
Mus mit Zucker und Maisstärke in einen Topf geben und aufkochen lassen. Vom Herd nehmen und abkühlen lassen. Für den Grieß Milch in einen Topf erhitzen. Mit Zucker und Maisgrieß unter ständigen Rühren aufkochen und solange weiterkochen bis es breiartig wird und sich anfängt vom Topfrand zu lösen. In bereits mit Wasser ausgespülte Puddingformen füllen und im Kühlschrank 1 Stunde kalt stellen.
Grieß aus den Formen auf einen Teller stürzen, mit der Heidelbeersoße anrichten und servieren.

Süßes Spiegelei

Für 4 Personen

350 g Frischkäse
4 EL Sahne
2 EL Zucker
2 Pfirsiche
2 EL gehackte Mandeln
Zucker zum Karamellisieren

Für die Creme Frischkäse mit Sahne und Zucker verrühren. Creme in die dafür vorgesehenen Dessertgläser füllen und im Kühlschrank 1 Stunde kalt stellen.
Wasser aufkochen lassen, die Pfirsiche damit kurz brühen und enthäuten. Enthäutete Pfirsiche halbieren und entsteinen.
Die gehackten Mandeln in einem Topf mit etwas Zucker karamellisieren, vom Herd nehmen und abkühlen lassen.
Die Pfirsichhälften mit der Kernseite nach unten auf die Creme legen und mit den karamellisierten Mandeln bestreuen und sofort servieren.

Tiramisueis

Für 4 Personen

50 g Marzipan
3 EL Zucker
1 Msp. Johannisbrotkernmehl
200 ml Sahne
1 EL kalter Kaffee
½ Röhrchen Bittelmandelaroma
250 g Crème fraîche
2 EL Kuchenbrösel (mit Carob gebacken, hefefrei, mit Weinstein-Backpulver gebacken)
etwas Kuchenbrösel für die Dekoration

Für das Eis Marzipan mithilfe einer Reibe ganz fein in eine Rührschüssel reiben. Mit Zucker und Johannisbrotkernmehl mischen. Die Sahne mit dem Kaffee und dem Bittelmandelöl mit einem Schneebesen verrühren und unter die Marzipanmischung rühren. Das Crème fraîche und die Kuchenbrösel unterheben und alles miteinander gleichmäßig und vorsichtig verrühren.
Die fertige Masse in eine Tiefkühlschüssel füllen und für 4 Stunden in den Tiefkühlschrank stellen.
Dabei gelegentlich umrühren.
Eine halbe Stunde vor dem Servieren aus dem Tiefkühlschrank nehmen, portionieren, mit ein paar Kuchenbrösel bestreuen und anrichten.

Notizen

Notizen

Notizen

Notizen

Abkürzungen – Mengenangaben

kg = Kilogramm	EL = Esslöffel
g = Gramm	TL = Teelöffel
l = Liter	Msp. = Messerspitze
ml = Milliliter	TK = Tiefkühl

Noch Fragen oder Anregungen?

Der direkte Kontakt mit unseren LeserInnen liegt uns sehr am Herzen. Wenn Sie also Nachfragen, Rückmeldungen, Anregungen, Verbesserungsvorschläge oder Kritik zu diesem Buch haben, freuen wir uns sehr auf Ihre Nachricht. Sie erreichen uns am besten: via Mail allgaeuerin@ava-verlag.de oder telefonisch unter (08 31) 5 71 42-51.
Wenn Sie uns im Internet besuchen möchten, dann finden Sie uns unter www.ava-verlag.de.de

Herausgeber & Verlag: AVA-Agrar Verlag Allgäu GmbH
Porschestraße 2 • 87437 Kempten /Allgäu
Telefon: (08 31) 5 71 42-0 • Fax: (08 31) 7 90 08
E-Mail: vertrieb@ava-verlag.de
Internet: www.ava-verlag.de oder www.dieallgäuerin.de

Redaktion: Anita Herta Kößler (verantw.), Monika Läufle

Rezepte & Fotos: Anja Völkel

Fotos Titel: M.studio – Fotolia © (Foto gross); Anja Völkel (Foto klein)

Druck: KKW-Druck GmbH
Heisinger Straße 17 • 87437 Kempten/Allgäu
Telefon: (08 31) 57 50-310 • Fax: (08 31) 57 50-360
E-Mail: kontakt@kkw-druck.de • Internet: www.kkw-druck.de

Anja Völkel

Quellen- und Literaturtipps:

- Histamin-Intoleranz, Histamin und Seekrankheit
  Jarisch, Reinhardt (Hrsg.) – Thieme Verlag
- Schweizerische Interessengemeinschaft
  Histamin-Intoleranz (SIGHI) – www.histaminintoleranz.ch
- Allergie-Ambulatorium Hall GmbH – www.kofler-allergie.at